U0840348

重庆出版集团 重庆出版社

图书在版编目(CIP)数据

爱情有“毒” / 卢悦 著. – 重庆:重庆出版社，2011.3
ISBN 978-7-229-03733-8

Ⅰ.①爱… Ⅱ.①卢… Ⅲ.①女性 – 爱情心理学 – 通俗读物
Ⅳ. ①B848.4-49

中国版本图书馆 CIP 数据核字(2010)第 014590 号

爱情有“毒”

AI QING YOU DU

卢悦 著

出 版 人： 罗小卫
策　　划： 华章同人
策划编辑： 李家晔
责任编辑： 刘学琴
特约编辑： 胡世勋
责任印制： 杨 宁
封面设计： 门乃婷装帧设计

重庆出版集团 重庆出版社 出版
(重庆长江二路 205 号)
三河九洲财鑫印刷有限公司 印刷
重庆出版集团图书发行公司 发行
邮购电话：010-85869375/76/77 转 810
E-MAIL：tougao@alpha-books.com
全国新华书店经销

开本：880mm × 1280mm 1/32 印张：8 字数：168千
2011年3月第1版 2011年3月第1次印刷
定价：26.00元

如有印装质量问题，请致电023-68706683

懂得潜台词　恋爱不纠结

1. 恋爱是有时差的，怎能要求同步走
2. 失恋不是摧毁你的全部，而是打开罩门
3. 感情没有替补，要按内心主见“按图索骥”
4. 爱情不是一个人玩的游戏，别卑微自己
5. 追求得不到的，其实是虐待自己
6. 爱情忽冷忽热，莫把主动权压别人身上
7. 要想得到幸福，必须成为戏里的主角
8. 恋爱不是游戏，关键要走出心里那扇暗门
9. 内心抱残守缺，到手的幸福也会烫手
10. 当把男友变成囚徒时，自己早已成为囚徒
11. 情感出问题，缘于内在的免疫系统不够强大
12. 爱就是爱，不爱就是不爱，没有替代品
13. 脚踩两只船的男人，最擅长推责
14. 收拾一段旧感情，才好上路
15. 与其测试对方忠心，不如改变自己的“软骨头”
16. 男人不成熟，是因为内心很懦弱

前言

爱情心理钥匙

卢悦

爱情有“毒”，可以疗伤；有“毒”不是坏事，庆幸我们发现了，它就是一把打开爱情心理密码的“钥匙”。

经常有人告诉我，刚经历一段很“抽风”的爱情，又被现实打得七零八碎，不欢而散；谈了很多男朋友，为什么总找不到自己心仪的那个，真是恨嫁无门啊；为什么男人都一个德行，我只将心照明月，奈何明月犯桃花……

我常常说，人一生中要谈两次恋爱，即爱的两个阶段：第一次是品尝甘甜，第二次是分享苦涩。第一次爱情是为了享受甜蜜，第二次爱情是为了学会处理我们矛盾的地方。

我们总感叹缘分不可强求，拥有了也不敢说能永久。很多人貌似臣服于爱的权杖之下，但其实真爱到来的时候，却各有各的挣扎。没有人甘心将自己完全交给命运，随波逐流，忍气吞声，而是总想要过自己的生活。爱情也一样，都想驾驭爱，都想成为爱的主人，而不是爱的奴隶或工具。我们不希望自己进入一个又一个爱的失败轮回和恶性循环，我们都想游到爱的彼岸。可是我们很少真正转过身来，每次恋爱发现遭遇基本一样，到底是哪儿出了问题呢？

有个多次情感受伤的女孩，遇到一个男人，她第一眼就对这个男人很有感觉。几番交往后，这个男人开始了爱情攻势，她也把他归在“好男人”之列。男人很殷勤，对她很是体贴照顾，什么事都挡在前面，她则很享受这份爱，不由自主地把自己当成了公主，难免会有一些大女子主义。他们的开局很不错，女友们很是羡慕她找到一个很像样的男人，亲戚见了这个男人也觉得不错，她对他的好感也增加了，于是有了床笫之欢，甚至开始了谈婚论嫁。她像“孩子”似的享受着这份爱，有些肆无忌惮，然而好景不长，三个月之后男的就说累了，要仔细考虑一下他们是否合适。不久，男的果断提出分手，他觉得他们之间不平衡，自己很贱，一味地奉迎她，而女孩就像骄傲的公主一样，很少照顾他的感受。此时身心已疲，承受不起，因为他怕付出太多，又会出现前任女友踢开他一样的情形，索性自己提出分手。当这个男人要离开的时候，女孩才意识到自己的任性与不足，才了解男人内心真实的想法……看上去，女孩的行为不知道为什么总是“慢半拍”，是一种应急的反射，然而她的挽救措施已经没用了。男人果断地走了，正如他热烈地来，这场舞蹈好像他才是导演和主演，女孩只是一时跳到前台的配角。

故事中的这个男人，他表现得先恭后倨，正如我前面说过，我们的爱情是分成两个阶段的。第一个阶段叫做追逐阶段(品尝甘甜)，我们可以变成任何一种东西，我们会像水一样随物赋形，在这个时期的主要任务是奉献和给予，荷尔蒙会操纵我们做这一切浪漫的事情，我们会为建构一段关系而无所不用其极。爱情的第二阶段叫做需要阶段（分享苦涩），在这个阶段，我们将变回自己，探索双方更深入和更真实的一面，理智会帮助我们完成这个阶段的事情，我们将会面对彼此的差异，甚至过去的伤痛，据此做出留下或分手的决定。

在心理学的视野里，我们的爱情就是一次心理咨询的疗伤之旅。对很多人而言，当他们真正进入亲密关系，乃至亲密关系确定下来的时候，他们就会展现出自己的症状。比如上面这个男人，他的理由是他曾有一段两年的爱情，最后女友还是抛弃了他，这个过去的伤痕隐藏着伤害、痛苦以及恐惧，也许是他害怕再次被伤害，所以干脆主动结束一段感情。这么说来，他害怕过去那段痛苦很难适应和协调，如果重来一次，他的确承受不住，与其说是拒绝这段新感情，不如说是他在抗拒上一次的伤害重来。

这个故事真的是这样的话，就需要一个真正能包容他的女人，给他一个疗伤的机会，让他能将恐惧完全放下。问题是这位女孩没有一把宽容的钥匙，她的公主气质吓跑了这位很受伤的"好男人"。其实在此前，这个女孩要做的，一方面要成为善于调用资源的人，发动身边的朋友，或者说有资源的人为你工作，跟男友谈心，真正了解他的意见，不要一相情愿，逮着耗子就好欺；另一方面，人最忌讳得意忘形，恋爱不仅是双方的事，互通有无，更重要的是自己的态度和诚心，接受爱，也要付出爱。

就像《香水有毒》这首歌里唱的："我曾经爱过这样一个男

人，他说我是世上最美的女人，我为他保留着那一份天真，关上爱别人的门……可是有一天你说了同样的话，把别人拥入怀抱，你身上有她的香水味……”很多人问我，为什么我失去了爱情，有时候毫无理由？我想，爱不需要理由，分手也不需要理由，实际上理由是存在的，它就在你的内心。拥有一份东西不取决于你做了多少，而在于你做了什么。当你对感情没有主权也没有所有权，甚至没有知情权和决定权时，那你很容易沦为爱情的奴隶，而不是爱情的产权人。

人在失去理智的时候，爱恨就分不清了，尤其是恋爱中的人，智商基本为零，我们会像小龙女一样将自己隔绝于世外，开心时全世界都是自己的，伤心时就会用恨来对待爱。有人只想接触爱的甜蜜和陶醉，而不愿意接受它复杂多面的部分，试图自欺或者欺骗我们内心的爱，那么必将“中毒”。

套用一句话，“你不理爱，爱不理你”。如果你没有真正面对爱，不愿意和你的爱交朋友，而只是像一个乞丐一样或者婴儿一样一味索求；如果你对爱没有敬畏和尊重，那么你的爱也不会尊重你，它会愚弄你，在你的生活中安插各种各样恶毒的玩笑、可悲的荒诞、绝望的游戏。请和你的爱情谈恋爱吧，它不是你的敌人，它需要成为你的朋友，成为一把打开幸福爱情的钥匙。

目录

第一章

爱情有“毒”，恨嫁不抓狂

LOVE NO.1

爱情对一个人有多重要，可以用一句词来形容：“问世间情为何物？直教生死相许。”对你来说，也许失恋不过是“一场游戏一场梦”，但对另一个人来说，这可是“生还是死”的终极问题，爱为什么会对有些人只是维生素，而对另一些人却是一种鸦片乃至鸩毒呢？也许与我们对爱的态度和定义有关。

想携手同行，却一次次错过

——恋爱是有时差的，怎能要求同步走

如果把爱比做一个旅程的话，我们喜欢说一句话“携手同行，白头到老”。事实是，我们很多时候不是“携手天涯”和并肩而行，而是不同步，有时可能彼此之间所处的位置相差很远。最简单的例子就是男追女或者女追男——一方已经跑到了爱的端点，而另一方还在看台上，那么已经到位的那个需要用各种方式将被追求者从看客变成参与者。

杰西和男友是同一个地方的人，他们谈了四年恋爱，马上都快结婚了，却最终分了手。原因就是他们处在感情的不同阶段，杰西还不成熟，玩性不减，现在死活走不出“婚姻恐惧症”这个坎！男友已经30岁了，可他还是第一次正经谈恋爱，太当回事。杰西挺漂亮，虽然家境不是太好，但她要强、自立，还有一个缺点就是太自我，不顾及别人感受。为这事男友没少生气，他愿意为对方牺牲一切，但杰西却不怎么关注别人的感受。男友理解，杰西这么冷淡跟她家庭有关系，她父母不和，不过前几年在她努力调解下好了。杰西曾

跟他说，自己对婚姻有恐惧感，怕走父母的老路。在去年年初，他们规划年底即使不办婚礼，也要登记。

他们年底如期订了婚，没想到，春节期间，他们就闹崩了。事情是这样的：大年初一男友想到杰西家拜年，杰西约男友第二天再来，男友也答应了。没想到，男友第二天接到杰西短信，说她要去见个朋友，最好别来了。男友非常生气，一个星期没理杰西。

情人节那天，男友终于按捺不住，在电话里狠批了杰西一通，她承认了错误，说虽然不能保证什么，但以后会做得更好。男友的老妈看到杰西好长时间没来，就让他叫她来玩，杰西答应后，男友的老爸老妈就忙前忙后张罗。然而，没过多久，她又打电话说科里同事通知她今天给她师傅送行（她师傅辞职了），不能来男友家吃饭了。男友怒火中烧，但他压住了，说：“一天有24小时，你可以上午去送同事，中午来我家，或下午去送同事，晚上来我家也行。”杰西也答应了，但万万没想到，那天她还是没来，而且没有一句解释。

第二天，在得知杰西那天玩到深夜后，男友爆发了，短信提出分手。她很伤心，回复说：“你要是决定了，我也不想低三下四求你。”后来过了一个星期，她托闺蜜告诉男友：她也很难过，只是自己玩性太大，她还是爱男友的，想和好。男友正在气头上，回绝了，同时想借这机会看能不能把她这毛病治好。一个月后，男友想和她谈谈，可这回轮到杰西口气强硬了。他们就一直这么僵着，中间有几次反复，结果是都没有见上面，整整一年就这么过去了。

其实男友家里的条件不错，有两套房还有车，无数人要给他介绍对象都被回绝了，他心里还是只有杰西，但男友不想妥协。不久，在杰西被逼去相亲的路上，男友一下子受不了了，感觉像有千万个刀子在捅自己的心。他醒悟了，不顾一切地找她，可杰西却说对男友已经没有感情了，他们才真正分手。

似乎他们在玩这个“时间差”的游戏。为什么会是这样，为什么两个人不能同时抵达爱的端点，而只能一次次地“错过”？

答案是：也许他们爱的就是“错过”，或者说，也许他们爱的就是“得不到”。为什么会这么说？因为他们感情高涨的时刻总是一再错过，仿佛两个人在进行一场接力比赛，他们一次次地交接接力棒，却无法真正停下来，两个人一起同行。

四年的恋爱，算起来是一个比较长的互相了解的过程，可他们如此了解，最终还是“功亏一篑”。基于他们二人的属性，杰西的故事大概可以用《大话西游》里那句脍炙人口的经典台词来形容：冰与火的结合，彼此需要，又在某种程度上相互排斥。在恋爱中，想不发生争吵是很难的。但为什么恰恰在订婚以后，他们因为失约的小事而吵到分手的程度？

我们可以注意到，造成他们分手的两次重大冲突中，都牵扯到第三方——彼此的父母。男友的愤怒在于这两次相约都是比较“郑重”的，带有一定“寓意”，起码是涉及婚姻这样的未来生活色彩的。而杰西的拒绝，她的说辞以及实际的行动，包括说谎，都似乎是对他家族诚挚邀请的一种“侮辱”。她的想法，与其说是有意失约，不如说是不知所措的她对婚姻的一种“隐性”拒绝。

男友快30岁了才有第一次恋爱，而她则有婚姻恐惧症，这让我们更了解他们冲突的某种“必然性”。男友的“情商”相对不高，在情感中相对比较古板，爱较真，伴随着热情的付出必然给他带来巨大的期待压力；而这对“冷淡”的她构成某种吸引力，同时他的压力也让她对婚姻有消极看法，一眼就看到未来，这让她产生更大的恐惧。她这种显而易见的托词和撒谎，就是恐惧的产物。

温水煮青蛙的故事，我们都会懂，只是一到用的时候，就忘了。

其实每个人都有一种“错觉”，那就是我们既然相爱，就会爱得“天衣无缝”，爱得“步调一致”。我想说，爱是有“时差”的，不同步的，有时你已经到了爱的顶峰，而对方却在爱的谷底，因此更多的时候需要包容。有趣的是杰西和男友似乎总是“阴差阳错”，当男友想追的时候，杰西在逃；而当杰西追的时候，男友又想推；最后男友想明白的时候，杰西已经打算放弃了。

在这个故事中，杰西的男友该怎么办？要想挽救他和她的感情，他要做的就是：

第一，体会一下一个从小生活在婚姻不稳定家庭的女孩内心的恐惧，以及面对一个热情、单纯、颇有侵略性又有些骄傲的男友，她的困惑和不知所措。他只有真正体会到她的内心，才能真正和她对话，而不是继续用过于高涨的激情“吓坏”她。那时他会认为她的“冷淡”不是针对他的，而是一种自我保护的方式。

第二，爱上一个对感情比较恐惧的女孩，他需要的是小火慢炖，而不是大刀阔斧，现在不需要他“不顾一切”，而是要“顾及一切”。这样的女孩，需要稳定、稳健和安全感，当然她也需要爱情的热度，但她已经被伤害过一次，他现在不需要展示他狂热的爱，而是要展现他的温柔；她现在对他敬而远之，是因为他过于强势，现在应该抱着一种重新交朋友的方式开始他们的关系。

第三，既然他确定非她不可，就要问问自己，他到底看重她的哪些品质？也许正是她的“毛病”——冷淡，是最吸引他的地方。因为她的含蓄和距离感，吸引他不断付出，试图让她温暖，进而在这种关系中获得一种成就感。那么这不是他要改造她的地方，而是他要珍视的好东西。

第四，即使最后无可挽回，他起码明白了一个道理，那就是要懂得共情。第一次恋爱，允许犯错误，但在以后的感情中，他就需要在她的指引下，做适当的牺牲和付出。

第五，快30岁才初恋，就谈了这么一个高难度的恋爱，他不妨问自己，过去是什么妨碍了自己进入一段情感，而现在又是什么让自己无法离开这个杰西？他离不开她是因为他付出了太多，就像套牢的股民一样，还是因为她身上有他所追求的特质？这样的特质，在其他女孩身上可以找到吗？他又该如何在以后的感情中提高自己的“情商”呢？

为什么爱就像是击鼓传花一样，在他们之间抛来抛去？也许因为他们爱上了“分离”。有人说在爱的时候，人往往会很“贱”，往往不会珍惜到手的东西，只有失去的时候，昔日根本不重要的东西，才会价码翻番。就像我们吃东西一样，饿的时候是最有胃口的时候，而一旦吃饱喝足，无论什么山珍海味，都没有什么吸引力了。

我想说，杰西有“婚姻恐惧症”，她内心安全感的建立和打开有一个过程，是需要一段时间的。也许他们需要找到一种跳舞的方式，而不是互相追逐的方式，这可以让他们在对关系恐惧之前，就提前创造一种“伴舞”的状态，彼此先适应一段，万一节拍真的合不到一起，就莫谈了吧。换句话说，恋爱中的男女们，首先要意识到彼此的差距，承认双方并非并驾齐驱，而是有一个落差的，那么也许我们可以停下来，等着那个落后的“杰西”跟上来。只是这么做一定是有难度的，因为你这么做的时候，对方一定会前思后想，不知所措，就像杰西谈了四年，还靠不了岸，真的需要问问是否值得。

卢悦解“毒”

恋爱的双方要认识到彼此的差距，不能同步，就提携一程。

情感最迷人之处不是它的激情和销魂，而在于在领悟中共同成长。

没有爱的生活，不等于失去全部

——失恋不是摧毁你的全部，而是打开罩门

爱情对一个人有多重要，可以用一句词来形容："问世间情为何物？直教生死相许。"对你来说，也许失恋不过是"一场游戏一场梦"，但对另一个人来说，这可是"生还是死"的终极问题。爱为什么会对有些人只是维生素，而对另一些人却是一种鸦片乃至鸩毒呢？也许与我们对爱的态度和定义有关。

情感对小洁重要如空气，一分钟都不能缺。她和男友可谓是门当户对，高中和大学都是同班同学，大二开始他们陷入情网，然而过了两年多，男友提出分手，没什么具体的理由，但非常坚决。分手以后这半年时间，小洁很痛苦很难过，不见也想，见了更想，时间久了，她甚至被自己病态的相思吓到了。这种相思之下，会有一些很荒谬很不堪的想法涌现出来，她试图去调整，但总是事与愿违。

这次的感情挫折几乎颠覆她整个的人生观、价值观和世界观，摧毁她的全部人生。和男友在一起的时候，她觉得自己就是最好的，什么事都可以尝试，什么都可以去做。现在

刚好相反，她觉得自己什么都不会，没什么资本和别人谈情说爱。她的朋友们全都劝过她，觉得她原先那个男友并不好，也告诉她时间会冲淡一切，但她还是放不下这份情。因为中了这份“情毒”，她的生活、学习和后来找工作，都很不顺利。她好像陷入了过去的旋涡，戒不掉男友这个鸦片了。男友的离开，好像带走了她的魂魄，她觉得自己只剩下一身皮囊而已。

小洁的一切建立在一个脆弱的塔基上，一次失恋可以摧毁一个人的人生观、价值观和世界观。从另一个角度看，坚持让爱把自己摧毁得一塌糊涂的人，其实很坚强，因为她的胆子很大，会允许自己的“伤口”这么长时间地流血，却不去包扎。接触过很多人，我发现，被爱摧毁的人往往会有超强的忍耐力，爱是他们活下去的唯一燃料，所以他们会比一般人执著。老百姓讲“缺什么补什么”，往往是“木桶”的短板决定我们人生的高度，我们会因为那个短板而产生人生的主题，那就是去寻找我们所缺乏的东西——比如爱。

也许亲密关系就是有强烈忍耐力的人的“阿喀琉斯之踵”。古希腊神话传说英雄阿喀琉斯战无不胜，是因为小时候他的母亲倒提着他的脚踵，在冥河中浸泡过，他的“罩门”就是脚踵——致命的弱点。

每个人都有自己的“罩门”，比如亲密关系就是很多人心灵炸药库的按钮，一旦按下，他们的种种反应就出来了。有句老话是什么都不怕，就怕老房子着火。老实说，一段刻骨铭心的爱情终结了，谁都不能马上从痛苦中恢复过来，但是半年过去了，小洁的痛苦似乎没有随时间而痊愈，反而愈演愈烈，有恶化的趋势，那就说明触痛她的是老病灶。小洁并不简单为这个男人而伤心，她的失恋只是导火索，把常年积攒的痛苦一起引爆了。

狭隘地说，我们进入亲密关系，有一个很常见的动机就是为了疗伤。所谓吃哪儿补哪儿，在两性关系中受到的伤，往往就要在亲密关系里补偿。

对一个依恋妈妈的孩子而言，当妈妈一言不发地离开他，哪怕只有一个小时，如果他不知道妈妈去了哪里，第一个最容易想到的就是妈妈不要他了。他不知道究竟是为什么，他只知道他成了一个被抛弃的孩子。因为妈妈是他依恋的对象，他不能否定妈妈，只能否定自己。

仔细看看，那些对爱生死相许的人，往往内心里就有这么一个离不开妈妈的小孩子。成人和小孩的区别在于，成人可以承受分离焦虑，而小孩则不能，因为他们不能自理自立，他们是靠父母而活下来的，没有生存能力；但是很多人即使长大了，已经有了很强的生存能力，却依然无法相信自己可以从分离中活下来。

失恋的成人，起码有理智告诉自己：离开男友或女友，自己的生存不会有危机，否则他真的没长大。但对一个孩子而言，母亲不见了，他的生存就受到了威胁，所以从小，他就有一个强烈的内在恐惧——害怕生命中最重要的人，没有任何理由就离开自己。如果一个人在小时候，反复遭遇这样的时刻，这可能成为他以后恋爱失败的病根，所以在两性关系中，他没有基本的安全感，一旦失恋，就暴露在从小就一直没有愈合的伤口中。有句话说，道上混的，总是要还的，这句话也适用于两性关系中的恋人。过去通过压抑或者自欺可以糊弄过去的伤口，这次终于到了清算的时候了。

爱情不会摧毁我们的人生，但是它可以成为摧毁我们人生的最后一根稻草。这个世界上有多少感情假爱情之名？对小洁来说，真正让她痛不欲生的不是这段感情，而是很多段受伤情感的积累，致命的积累让她真正害怕了。须知，如果一个人感觉到爱情可以让自己有灵魂，那就说明这个人只是一个容器，他在寻找一个可以给他灵魂的人。这就让人想起《绿野仙踪》里那个没有心的铁皮人，一路遭遇艰难险阻只为了请魔法师给他一个心脏，但是最终他发现那个魔术师就是自己。

如果我们觉得自己是个空壳，那么就要知道，这个世界上有一个定理：没有人可以给我们一个心。既然别人可以“借”心一用，那么这颗暂存的心也会随时被人带走，这颗心就永远不是我们的心。

我不知道是什么让一些人一直过着“没有心”的生活，我只知道，那是他们小时候因为种种原因，放弃了自己的心，装上生命中很重要的人的心，比如父母的心。那时作为小孩子，他们没有选择，因为如果不放弃自己的心就意味着被父母抛弃。但是现在我们可以放下这个，因为我们不再是那个离开父母就无法生存的小不点，而是必须成为决定自己意志的成人。

如果很不幸成了爱笼中的金丝雀，该怎么办？疼痛对人的意义就在于提醒我们，必须要换一种活法了。它时刻提醒我们，我们的内心深处有一个没有痊愈的伤口，当我们疼的时候，第一个想到的是止疼，但恰恰是想要止疼，会让这个伤口失去了治愈的机会，因为光止疼没用，必须治愈。

我想对恋爱中的“小洁们”说，首先坐下来好好想一想，我们到底害怕什么？是什么让我们那么痛苦？它又来自何方？其次，要承认自己就是放不下他，不要试图压抑自己。告诉自己现在的阶段是不肯接受现实，这是一个阶段，好像伤口还在化脓，还禁不起大手术，你对自己的压抑本身就是让它恶化的原因之一。第三，要顺藤摸瓜，找到最让人痛苦的这种抛弃感在我们过去什么时候出现过，那是一切痛苦的根源，让人最痛苦的不是眼前这个男人或女人，而是过去一些没了结的情结。第四，找资源，比如曾失恋过但现在走出来的朋友，或者心理咨询师，尤其是信任的闺蜜，陪我们走过这段痛苦的时间，我们需要有一个空间宣泄情绪，梳理思想。第五，需要控制一下自己的生活，不是不去想对方，而是在想着对方的同时一起生活。带着症状生活，你会发现真正问题所在——最大的问题不是痛苦，而是失控和无序的生活，即使是想要挽回感情，以现在的精神状态也毫无希望。最后，我们要做出新的选择，而这个选择将让你真正长大，不再活在旧日的阴影中，成为过去的奴隶，囚禁在爱的枷锁和牢笼中。

卢悦解“毒”

试图躲在失恋牢笼中的金丝雀，是很难走出心理之门的。

因为你没有找到真正的罩门——内心从小感情积累的恐惧感。

恨嫁这件事，天上不会掉馅饼

——感情没有替补，要按内心主见“按图索骥”

恨嫁这件事似乎是很多女人一生中最艰难的一道坎。迈这道坎之难犹如狗熊掰棒子，似乎一大片玉米地，放眼望去满世界都是玉米，可是到底哪一个是最适合我的？不知道；我想要什么样的玉米棒子？不知道；我又为什么一定要抱个玉米棒子？还是不知道。

对某些人来说，父母这个“职务”主要有两件难事，第一件事是督促孩子学习，第二件事是督促孩子结婚。两件事不成功，那就是超级失败。我们的某些文化传统要求我们必须要做好这两件事，否则人生就没有价值，都白辛苦了。

一个女孩，到了快30的时候，如果她还单身，她就要面临一个问题，一个茫然的狗熊，站在一片玉米地里，还有一群监工在旁边看着，要她拣一个最符合观众们审美标准的玉米回来。我在北京的景山公园经常会看到，每到周末就会有老头老太太举着小纸板，上面写着“征婚”——不是为他们，而是为他们的子女。

看着他们白发苍苍一副投入的样子，真的觉得很难过，因为没有人为自己活着，那些进入相亲期的男女们，有多少是因为恐惧来到这个“配种站”的？这句话说得有些极端了，但很多时候，如果连爱都是因为恐惧而萌发的，这还是爱吗？

我高度怀疑。因为爱不是用来保证我们安全的，爱不是解决恐慌的阿司匹林，它没有那么大的功效，我们太过理想化我们的爱了，以及理想化我们的婚姻，把它当成正常人的徽章，当成搪塞父母拳拳之心的糖果。结婚了，最快乐的不是我们，而是我们的父母，这就是一件非常扯淡的事情。

2006年，上海这样的大城市离婚率已经达到了42%，不知道今天，它的离婚率是上升还是下降了，其他大城市的离婚率大概也相差无几吧。我们离婚率这么高，高到几乎可以用抛硬币来预测我们未来的程度，其中一个重要的原因就是，我们太草率地步入婚姻，换句话说，我们太不尊重爱情了。

我们不尊重它是因为它本来是一杯《红楼梦》里妙玉的“清茗”，而我们却像刘姥姥那样“驴饮”了。我们用焚琴煮鹤的方式对待婚姻，那么婚姻也不会对如此唐突感情的人有什么客气的举动。

我们如何不尊重？因为我们都将爱当成工具，当成塞住父母嘴巴的袜子，当成偿还父母情感债务的货币，把爱当成了应付未来心理生存危机的麻醉剂，把对方当成了拯救自己世界末日的超人蝙蝠侠。看上去我们似乎对爱很饥渴，可是我们根本不关心这份爱是否成色十足，我们的恐惧驱使我们不加选择，换句话说，爱情这样复杂和需要高级情商才能玩得下去的游戏，我们却试图用婴儿生存需要的方式应对它。它是关于一个幸福的人如何更好生活的事，而不是关于一个悲惨的人，如何活下去的事。

如果你是一个悲惨的人，那么请不要走入感情，因为你就像一个溺水者，感情只是你拉入自已痛苦海洋的另一个箱子而已，它只能加速你的下沉。如果你有足够理智，你会知道这很愚蠢，但问题在于一个溺水的人，在鼻子灌满水的情况下，是无法运用他有限的理智的。

婚姻属于可以幸福地过单身生活的人。如果你有一个不幸的单身生活，你多半会有一个不幸的婚姻生活。婚姻只是一个容器，最终它还是要装下你的各种定义——你的定义是“雾都孤儿”式的，还是“远大前程”式的。

荷塘和男朋友在一起三年了，但他们双方都非常“规矩”，双方都没有越“雷池”一步。本来他们约好今年要结婚的，结果男友说工作很忙，没有时间办事，要不干脆分手。他们当初是别人介绍的，交往很谨慎，现在也老大不小了，分手后荷塘唯一的收获就是成了剩女。现在男友告诉她，其实当年和她在一起，也是很勉强的，都是家里逼的，那时候他与前女友分手已一年，家里怕他找不到媳妇，就死活逼着他跟她交往。其时，男友对荷塘并不满意，觉得她挺胖的，但是接触下来又觉得她人不错，很善良，就一直处着。

同样，荷塘一开始对男友没有很深的感情，但是三年了，荷塘却慢慢对男友有很深的感情了。现在男友说要分手，她很难过，如今荷塘都28岁了，她真的觉得自己没有勇气一个人走下去……当然男友也狠不下心来，之前他们分开好几次，又不知不觉地拖着了，他们很清楚地认识到不能这么耗着了，现在两家大人都盼着他们办事，可男友又变招……

其实两个人都曾咬牙切齿地想要分手来着，可是目前的关系却成了鸡肋。明显他们都不太满意对方，从两个人三年都不越雷池看来——也许他们俩并不是那么喜欢做君子和淑女，而是因为，他们也许根本还没打算进入爱情，却还要想由此发展一段幸福的关系，这不是缘木求鱼吗?

我们似乎可以看到一个经常发生的画面：从前有两个人，因为种种非本人意愿的原因，他们虚鸾假凤地在一起，没想到时间久了，似乎又有了一点儿弄假成真的意思。他是为了做给家人看，且觉得她性格善良，也就先“随便”处着；而她也似乎开始没有投入感情，后来却发现自己感情投入其实蛮多的。

面对这样的情况，他们都没有真正解决的手段。狠不下心的一个原因是因为他们内心都害怕一句话：你怎么知道以后会有好玉米等着你，万一下一个更差呢?

就像一个猎人，他知道必须要打到一头鹿才能给全家老小吃，但一只松鼠成了他的猎物，他就坐在树桩上，不想再走了。恋爱也像打猎，因为树林里有太多让他恐怖的东西，比如说孤独，比如说被歧视，比如说内疚感和罪恶感——无法满足父母的痛苦；还有最重要的是：无法认同自己的价值，感觉好像被这个世界的人都抛弃了……

我们的爱用一个成语“按图索骥”就可以形容。我们的爱情不是天上掉馅饼，而是我们按照内心的图纸找到的，这个世界不

存在什么缘分，而只是有各种不停的选择，如果我们在同一个地方摔倒，是因为我们有反复要在同一个地方摔倒的理由。

一个价值感低的人，会收集各种证据证明自己是多么的没有价值，一个价值感高的人也是个善于发现自己各种优点的人。如果你愿意，你可以收集到足够的证据，证明你是一个毫无希望的剩女，同样也可以证明你的确是一个充满魅力的女孩，只要你愿意去做。

我在培训中，经常会玩一个名叫“戴高帽”的游戏，就是让人们分成几个小组，让大家坐下来，每个人都要说另一个人身上值得欣赏的部分，一定要将这个欣赏的部分用事例来说明。很多人都感慨，长这么大，真的是头一次会有这么多人发现自己的优点，原来自己有这么多值得欣赏的部分……

但是我们的文化中经常会出现“批评”与“自我批评”这样的关键词。我们习惯于将自己的价值或者过分放大，或者过分缩小，很多剩女之所以剩下来，是因为她们将自己关起来，不让自己有任何可能，那么锁住她们的牢狱，名字就叫“你不配”。

是什么让我们的感情成了替补？是什么让我们无法承担风险？又是什么让我们委曲求全，就找一个次好的对象，勉强填补眼前的巨大空白？是什么让我们无法有勇气将一切推倒重来？因为我们害怕面对自己，面对“危险”的世界，于是我们宁愿舍弃掉机会，也要勉强自己在井中观天。这是很正常的，其实很多人都宁愿做那个把脑袋埋到沙子里的鸵鸟，也不愿意面对现实的世界。

因为我们习惯于这样一个概念，那就是：我们没有资格拥有幸福，我们没有能力拥有幸福，我们是差的，我们是不够好的，

我们是没人要的……当这些悲惨的字眼充斥我们的内心时，我们就会将这个剧本变成现实。

有时候，我们不做选择，本身就是一种选择，不分手，可以保持若即若离的关系，聊胜于无；分手可以拥有新的可能。不分手，对未来没有任何预期，总处于濒临分手的崩溃状态；分手了，又好像要进入“剩女”的大军中，等待我们的是一个人走下去的孤单和空虚。未知总是可怕的，所以我们宁愿抓住眼前能抓住的。眼前的安全感和未来的安全感在内心冲突着，两种焦虑在PK，现在它们势均力敌，谁也不肯退让。于是我们僵在半空中，进退两难。

中间状态的好处可以让我们将一切归咎于外，而不用自己负责，但也许不做选择是我们在情感中不太好的选择之一，很多人就是在不做选择和仓促选择之间来回晃悠，其结果就是一连串糟糕的选择，这个情形可以参照那些股市的套牢者。

往往那些无法承担风险的人，却是风险最爱选择的人群，因为恐惧，也因为不相信自己有能力抓住机会，即使机会到了，他们也不愿意相信这是机会，更不愿意相信自己有能力抓住。他们闭上眼睛，将这个世界想象成可怕的地狱，然后按照他们的墨镜来定义这个世界。结果是什么呢？他们果然看到了一个可怕的世界。

但同时也有另一种可能性，那就是我们也许通过蹉跎岁月这种方式来向父母示威，因为这是折磨父母最好的方式，也是显示我们意志的最好方式，因为我们的内心会告诉我们，我们真正需要的是一场全力以赴的爱，而不是这种食之无味、弃之可惜的剩骨头。

怎么办？第一种选择是持久战，这种痛苦的状态不会持续很久，痛苦会逼迫我们做出选择。但这种选择，毫无疑问，伤害性很大。第二种选择是相对快速的解决方式：第一要承认我们的第三状态，分与不分的临界状态；第二是给这个状态一个期限，如果在这个期限内，通过我们的努力无法“前进”，那么就要分手。有最后期限的好处是给我们一种确定感，不是“此恨绵绵无绝期”。第三，我们要做的是真正的交心，看一看，阻碍我们继续在一起的到底是什么？但这一过程比较微妙，因为就是因为我们无法充分满足彼此需要，才让我们处于尴尬的境地。我建议鸡肋情侣们最好一起精确地梳理三年的感情，才能做出最终的判断。否则带着对未来生活的巨大恐惧感和对情感付出的不甘心分手，会给自己和对方带来比较大的伤害。

卢悦解“毒”

一个人过着不幸的单身生活，多半会有一个不幸的婚姻生活。

恋爱就像“按图索骥”，一开始就是按照内心地图寻找的。

暗恋是一种非常痛苦的甜蜜

——爱情不是一个人玩的游戏，别卑微自己

世界上有一种爱是比较辛苦的，那就是暗恋。暗恋的辛苦在于，它是一种单向的爱，自己浇灌，自己长大，自己忍受，自己终结，一切的惊心动魄和九转回肠都发生在无声处。然而这种爱纯粹是靠自身的“燃料”循环的，没有外部的给养，虽然很璀璨，但却容易伤人。就好像又让马儿跑，又让马儿不吃草一样。

虽然“我爱你，与你无关”这句话说起来很美，可是做起来，却很残忍。

温敏很早就爱上了一个男生，他们一直同班，但她一直没有表白，因为她很乖，很听妈妈的话——一切要以学业为重。他们甚至没有聊过天，连碰到的机会都很少，顶多是打过几个招呼。

考大学时温敏没有被一本录取，她选择了复读。而男生则去了北京上大学。由于暗恋那位男生，考到北京与他相会成了温敏最大的动力之一。成绩出来后，她的分数只够读北京一般的院校，竞争激烈，她只能选择别的地方读重点大学。

大一那年暑假，男生回来了，他们在一次同学会上遇到，但没多说话。温敏犹豫了很久，不想说，不敢说，但又怕以后后悔，所以她终于鼓足勇气用短信的方式向他示爱。没想到结果出奇地好，她以为男生已有了女友，没想到他还未运交桃花，她更没想到，男生告诉她这么多年，他一直在等她。那时已经晚上11：00了，男生有些激动，想要出来见她，她没答应。

第二天男生就回北京做奥运会志愿者，之后他们一直是电话联系。直到奥运会结束，男生回家见过她一面，从那以后的9月到分手的12月，再也没见面，一直电话短信联系。

11月底男生竞选校学生会主席，得知他没选上后，温敏迅速给他打去电话，她感觉到男生对她说的话有些不冷不热。她很失望，就发短信告诉他：我们之间好像隔着什么，这样在一起还有什么意思……男生说他现在情绪比较低落。之后几天他们都没怎么联系，三四天后他正式提出分手，无论温敏怎么苦苦挽留，他都不同意，并且迅速有了女友。

现如今已经过了很久了，明知道他离开了，很绝情，她还是不能忘怀，她甚至一点也不恨他。她不知道自己为什么要爱得这么卑微……分手时她取走照片，什么都没有说，尽管她有一肚子的话。

她多希望她能像表面做的那么干脆，真正忘记一切，可是她总是陷在这段爱里，他的身影无处不在，在每一个顾盼间，好像都有他的气息。这是一种无法自拔的痛苦，毕竟这是她苦恋多年的男生，还没开花，就要凋零……

其实温敏很清楚，他们即使在一起时，男生对她也没有她对他那么好，她每个星期给他一封信，他从来没有回过。也许是她从小就开始喜欢他，到现在还喜欢。因为他们太年轻还不懂爱情？她甚至怀疑他们之间发生的这一切算不算爱情。她一直后悔，是不是没有那条信息他们就不会分手？可她知道，她不发那条信息，该变心的总是会变的。他的女友就是他竞选学生会主席落选时一直陪着他的那个人……

温敏一次次地试图穿越过去，她自问：是不是所有的异地恋都不会成功？如果没有分隔两地，是否就不会是现在这个样子？如果他成为学生会主席，他们又会有怎样的结局……她不相信自己会如此卑微地对待自己的感情，她知道她做错了，是自己一相情愿，可就是无法自拔……

我们必须向拥有这样爱情的人致敬，因为她们证明了琼瑶的小说并非杜撰。在这个感情快餐化的年代，这样“古典”的爱，非常让人感动。

在古代的小说里，经常会出现这样的情节：“月上柳梢头，人约黄昏后”，才子佳人“金风玉露一相逢，便胜却人间无数”。然后才子就进京赶考去了，而佳人就独守空闺，日思夜想，憔悴如斯，最后这个才子回来又皆大欢喜。

这样的故事是美的，但美的代价往往是小姐的香消玉殒，而此时才会有才子的良心发现。总的来说，女人在那样唯美的小说里，似乎都是弱势群体。

这在过去是必然的，因为那时女人没有自主权，尤其在做婆婆之前。她们离开男人就无法活下去。这必然让她们陷入一种“卑微”的状态。

但是这种卑微的暗恋如果现在还会发生，那么往往和“外部设置”无关，而是和我们内心的姿态有关了。

暗恋是一种非常痛苦的甜蜜，就好像是苦瓜，它入口是苦涩的，但却能给你无穷的回味。暗恋的一大好处就是它是一个人玩的游戏。游戏规则是你自己定的，所以你可以任意想象对方，其实对方实际是什么样并不重要，重要的是你如何“定义”他。我们可以将这个世界上最美好的东西塞到暗恋对象的身体里，实际上他只是一个你幻想的容器，现实与幻想的边界就这样被诗意地抹去了。

问题往往发生在由“一个人的游戏”转为“两个人的游戏”时。这时现实与虚拟的边界会无情地伫立在你面前，一切都不再那么诗意，他也不再是一个让你随意涂抹的画布，他成了一个不听你控制的现实中的人。

就像只是见了一面，通了几次电话，就神速地建立了关系，这是梦幻般的开局，而异地恋更让人可以最大程度地保持“暗恋”的状态。

其实我们要警惕的是，往往梦幻的开局，会收获比较悲惨的结果，就像我们爬山一样，如果直接空降到山顶，我们爬山之乐如何体会?

梦幻的开局之所以完美是因为我们爱上的都不是对方，而是自己理想化的另一个自己。换句话说，暗恋几乎可以等于自恋，与经典自恋不同的是，我们将理想化的对象投射到外面而已，但其实我们爱的是我们自己的想象。

温敏如果想要将暗恋变成“明恋”，最大的问题就是爱的双方时态不同，在建立关系之前，温敏已经暗暗爱了他多年，而他才刚刚有点感觉，还是在异地。爱的浓度有相当大的差距，温敏会期待他像她爱他一样爱她，这几乎又是她的虚拟想象。她渴望他立刻补偿上自己暗恋他多年的辛苦，但他无法给她更多。

其实，温敏真正了解他吗？她一直爱的那个人是他吗？那个人一直活在她的世界里，但这个人就好像是双水晶鞋，现在她试图将现实中的他安到她的虚拟世界中去——一言以蔽之，削足适履。

现在我们再看看这个男生，他对温敏表白的回应很有趣：他也一直在等着她。如果他说的是真的，那么这说明他的心里也有一个虚拟版的温敏，这基本就是两情相悦的好事了。这个温敏是要自动懂得他心思的，能够完全而且彻底地解决他的问题的，可是男生好像只是一时兴起。

两个人的幻想有一个共同点，那就是要求对方绝对地满足自己的所有需要，不需要沟通，也不需要努力，一切都得是心灵感应般神奇才可以。

于是他失意的时候，温敏试图安慰他，但效果不大。为什么不大？因为也许他想要的不是温敏这种语气，或者温敏说的不合他心意，或者他甚至会觉得此时被女生呵护，有伤他作为男人的尊严……总之，他的想法我们无从得知，但可以确定的是，她说的，不符合他的想象；而温敏也没有收到她预期的结果，那就是当她温柔款款地安慰他时，他会非常感激而且更加爱她。

在温敏的世界里，只是单恋，好像他们已经爱了很多年，而在现实中，她和他只见过一两面（约会）。他们的爱如此完美，完美如婴儿，也像婴儿一样脆弱，经不起一点磕碰。

为什么我们的暗恋如此经不起现实的检验？因为暗恋基本上属于婴儿期的爱情。你看看婴儿看镜子的表情，看看他看着爸爸的表情，就知道在这个世界，他会觉得自己像一个无所不能的神，或者觉得爸爸妈妈是个能罩住一切的上帝，这种没有来头的幻想，让他觉得很安全。但慢慢地，通过和这个世界的交流，他会发现这个世界没有像我们想象中那样任我们支配，我们必须做一些事情来改变，或者我们要改变以适应这个世界。

但是并不是所有人都会按照同一流程长大的，基于某种原因，我们会在某个时段留下来，比如我们宁愿用自己爱自己的方式来对抗外面变冷的空气。自恋的人往往选择爱自己，或者找一个虚拟的爱的对象，因为在现实中，他实在无人可爱。在一个父母疏离的家庭中，一个孩子很容易养成独自长大的习惯，如果一个家庭的文化就是自生自灭，那么这个孩子唯一能做的就是想尽办法自己爱自己，或者爱自己的想象。

青春期其实就是三五岁时孩子第一次叛逆期的重演以及升级版，这时的人最容易理想化，也最容易爆发各种幻想式的爱，但一般而言，这种婴儿式的心灵感应式的爱大多会燃烧一段就告一段落。我们的爱开始结痂，开始长出新肉，我们的爱开始长大，不再停在婴儿式的卡通幻想中。

其实仔细想想，他需要什么？你能给他什么？你需要的，他能给你吗？温敏试图回到过去，打破那些所谓的因果链条，如果没有竞选失败，如果没有那条短信，如果没有分隔两地，她还可以加上如果她能考到北京或者如果她不用复读，如果她在高中表白，在初中表白，在五年级时表白，事情就容易多了……

注意到没有？在这些所有假设中，她所爱的男人都是一个背景，被动的配角，主角只是她，她根本没有想过这个男生到底需要什么，她只是将自己的能力无限扩大，觉得自己应该有能力力挽狂澜，而自己没有做而已。

爱情之所以吸引人，是因为它是两个人玩的游戏，它的攻防转换、辗转腾挪都不是以单方面的意志为转移的。大部分时间，它不是诗意的，不是好玩的，而是残酷的，最终它是现实的。你必须实事求是，才能真正掌握它的游戏规则，两个人必须满足彼此的需要，爱才能延续下去。它和这个世界上绝大多数“交易”没有什么区别。

但换句话说，其实暗恋很安全，何必把它转换成现实？有个少女小时特想吃一种日本饼干，但长大后一吃，觉得索然无味。人心亦如是。那些少女心事、童年情怀，还是珍藏在心里比较妥当，你们都没做错过什么，因为你爱的，本来就不是这个人。

卢悦解“毒”

暗恋几乎可以等于自恋，是非常脆弱的，成功率太低。

爱情之所以吸引人，是因为它是两个人玩的游戏。

喜欢上一个我不喜欢的人

——追求得不到的，其实是虐待自己

经常有女孩子向我抱怨：她好像爱上了一个躯壳，她对那人爱得死去活来，那人却对她无动于衷。虽然男友的肉身在此，可是他的魂魄不在，你看到他激情澎湃的时刻大多是发生在“非人之处”，比如网络，比如酒精作用下，还有卧室……发生这种“身在曹营心在汉”的离魂症的男人，实在不少，这往往会让人好奇地问一句，如果他在梦游，那么你为什么会选择和他在一起？

看上去似乎我们都“信奉”同一种择偶标准，比如男生最好又帅又有才华又成熟又有能力又多金，女生最好又美又有气质又聪明又善解人意还温柔体贴。但是如果是这样，这个世界上有资格相爱的人那真是少之又少。

我想这是一件很难解释的事情，我们爱一个人，往往会有一种“潜标准”，这个名词从“潜规则”而来，所谓“潜规则”就是“说一套，做一套”，“上有政策，下有对策”。但“潜规则”是我们能够意识到的，也就是说，我们知道我们在干什么。但我们的情感玩的往往是“潜标准”，这种“潜藏的标准”，往往在我们能觉察到之前就已经自作主张替我们做出了“选择”……

你很难想象，我们爱上的人往往会和我们的文化所标定的爱的样本有如此之大的差距，甚至于南辕北辙。我们用缘分来解释这一切，甚至相信会有一个糊涂的老人乱点鸳鸯谱或者将红线绳随意乱牵，搞得我们爱得如此毫无办法也无可奈何。

在《大话西游》中周星驰会非常崩溃地发问：为什么我会喜欢上一个我不喜欢的人？或者反过来说也可以：为什么我会不喜欢一个我喜欢的人？这的确是一个矛盾。也许是因为我们头脑里有一个“应该”爱的对象，而结果我们却“鬼使神差”爱上一个不符合“规定”的对象。

在心理学的世界，不存在偶然，也不存在缘分，我们不会无缘无故地爱上一个人。我们之所以不知道爱上一个人的原因，往往是因为也许我们不一定想知道，或者还没有像《盗梦空间》一样探索自己，找到解开谜底的那把钥匙而已。

对燕子来说，她搞不懂自己为什么会爱上这样一个男人，而且还爱得死去活来。她的同居男友已经迷恋上一个叫做《魔兽世界》的网络游戏，宅在家里有两年多了。现在他似乎有些自闭了，跟燕子说话也少了，从来不主动联系她，而当燕子打去电话，他则很不耐烦，甚至有时会干脆关机。她负责照顾他的起居饮食，养着这么一个已经失业两年的小男人，她想了很多方法让他振作起来，可是他就像是“烂泥糊不上墙”。

前几天，燕子逼他一起参加聚会，他勉强参加，邋遢得不成样子，而且跟别人交流都有问题了，闷在那里一言不发。

同学们都以为他病了，她只好苦笑着敷衍，觉得非常羞耻。有女友了解她的苦衷，就悄悄问她为什么要这样“作践”自己，留在这么一个“有病”的男人身边。她也不知道爱这个男人什么地方，看上去，他简直没有一点“可爱”之处。这两年他们已经分手很多次，可是每次看到男友的泪眼和自暴自弃的样子，她的心就软了，每次分手冲突后，他们都能相对平稳地过一段日子，但过不久一切又重演一次。她真的无法理解，游戏有什么好玩的哦？不就一群人来回打打杀杀，那么浪费钱？她真的已经厌倦了这种生活，可是又离不开。难道他们真的要纠结到死吗？

燕子爱上的是什么样一个男人呢？她的男友因为迷恋网游而在现实生活中丧失了与人接触的主动性，对自己的生活也似乎失去了某种控制力，甚至不修边幅，与他人沟通困难。这是一个轻微失去了生活自理能力的人，那么她在这个感情中到底得到了什么，让她一直坚持了两年呢？

首先我们要确认的是网游本身不是问题，有问题的是迷恋网游的人。很多人都玩网游，但并未因此影响到生活，所以网游只是一个“药引子”而已。

那么为什么《魔兽》对燕子的男友有这么大的吸引力，以至于让这个男生可以放弃自己的生活，不惜牺牲掉现实感，牺牲了自己的自理能力而狂热地迷恋？是什么让这个游戏那么好玩？网络游戏充满了打打杀杀，在这个虚拟世界里，人际关系变得很简单，一切都按照“丛林法则”行事，看谁不爽，就可以立刻手起刀落。

只要我们付出足够的时间和精力，就可以成为“一方豪强”（当然在网络游戏成为一种体育项目的今天，要真正成为“武林高手”还需要一定技巧和天赋）。网络游戏可以给人提供另一个世界的入口，虚拟世界的日子比现实生活更好过，这就吸引了相当一批现实生活中的失意分子，让他们有了“桃花源”，可以躲避难忍的痛苦。

那么第二个问题出来了，燕子的男友在躲避什么？在心理学角度上，游戏就是一个人内心世界的倒影，如果这个游戏充满了血腥味，那么在他眼中的现实生活就是这么残酷，他把现实看得比游戏那个恐怖世界还可怕，自然就不愿意回到现实中。

在心理学的视野中，有一类人会有“成瘾特质”，也就是说这样的人，非常容易对某种事物产生“瘾症”，比如赌徒、物质滥用者（吸毒者、酒精成瘾）、网络游戏上瘾，等等。他们的共同特征就是容易进入一个他们创造的虚拟空间，以这个虚拟的现实替代现实生活，试图创造一个壳，然后永久地躲在里面，否认现实的存在。

如果我们看了茨威格的《一个女人一生中的24小时》就会对这种成瘾者的特点有非常深刻的体会，燕子不用体会了，因为她的故事应该是“一个女人的17520小时”。在茨威格这部小说里，一个贵族女子见证了一个赌徒是如何在她面前崩溃的，当她被他的脆弱所打动，并资助他一笔钱以后，却在不经意间发现他拿着可以自救新生的钱重新回到了赌台前……

现在也许我们应该要回答周星驰的提问了：为什么我们会喜

欢上一个赌徒，一个成瘾者，一个我们认为有很大的文化上不认同的特点的人？

首先要从这些具有成瘾特质的人说起，一般而言，具有成瘾特质的人，往往会有一种“病态美学”，也就是他们可以堂而皇之地将他们种种脆弱、崩溃以及无助公之于众，而毫无顾忌，他们甚至以自己的病态为食，供他们顾影自怜，反复把玩。

或者说他们这样公然兜售他们的可怜和软弱，就像是《怪物史莱克》里面那只大眼睛的猫侠盗一样，一旦它用那双孩童般清澈而无辜的眼神看着你的时候，往往会有一批女人被打动。这些女人往往是母爱过重乃至泛滥的，她们随时准备投入这么一场轰轰烈烈的“救赎运动”。更何况，这些“脆弱”的小灵魂们，往往因为长期浸泡在诗意的“病态”中，往往因为敏感而很有才华和天分，有着让人赞叹的创造力和感染力。他们具有一种很强的“穿越能力”，这种穿越能力来自他们的边界的透明感，为什么会是这样？因为他们选择了不长大，让自己脆弱的孩童状态一直保持到成年，而一个孩子是最没有边界感的。所谓边界感就是指一个人是否有自己的原则和自我感，一个处于童年早期的孩子，比如3到5岁的孩子，他们是很难有边界意识的，他们的人生主要任务是发展依附关系和安全感，而不是从依附中走出来。但可惜的是，似乎他们的心理发展到了这个时期就好像时针停止了。他们为什么会将自己一直保持在孩童的没有自我的状态呢？

让我们假想一下：从前有一个小男孩，他在一个母爱甚重的环境下长大，他发现自己努力成为男子汉的行为并不能得到妈妈的真心喜欢，而只有当他生病的时候，当他流泪的时候，当他脆弱和可怜的时候，妈妈才会对他温柔。于是他是这么定义爱的：爱=脆弱。他从小被训练得具有超级表达脆弱的能力，他的脆弱是被鼓励和支持的，因为妈妈需要有一个小孩子来永远抱着，于是他就选择不再长大，来满足妈妈想要永远抱着孩子，永远能照顾孩子的愿望。这样的小孩子，是不愿意进入社会成为成人的，因为他在长大成人的过程中不断受到妈妈或者爸爸的暗示，那就是当他具有独立性乃至成长的时候，他就不能再获得爸爸妈妈的爱。于是他是这么定义爱的：只要我一直当一个脆弱的小孩，我就会得到爸爸妈妈的爱；如果我要长大，那么就会没有这样的爱。

所以这样的孩子一旦到了成人年龄，他们往往会将自毁进行到底，因为他们通过将自己的生活搞得一团糟，而让自己进入熟悉的爱的模式。将自己毁得不成样子，是因为他们只会通过这样的方式获得爱；所谓寻找一个合适的人，只是寻找一个愿意像他妈妈那样永远用这种让他生病的方式爱他的人而已。或者说，他们的情感形态就是“索取者”，索取者在爱情中的姿态就是不断通过自己的“病态”来吸引“爱心过度”的人来咬饵，以此获得他们想要的爱。现在该说说和病态美最“匹配”的人群了，也许燕子就是这样的人：在关系中，她们往往对“病态者”有独特和敏感的感知，或者说她们对“病态”情有独钟。

那么为什么她们会发展出一种“病态审美”的能力？

说一个小女孩的故事吧，这样的故事在我们父辈的身上很常见：不久以前，有一个小姑娘，她是家里的老大，她发现，自从弟弟妹妹出生以后，她就失去了一种爱。但同时她发现了另一种爱，这种爱就是如果她选择放弃做小孩子，或者放弃做一个“索求者”而成为一个“照顾者”，那么她就可以得到爸爸妈妈的奖励以及微笑。她明白了如果她成为爸爸妈妈的帮手，像一个小大人一样，就可以得到爱，那么她就会以牺牲自己的童年作为代价，而去做一切符合爸爸妈妈的爱的标准的事情。

她得知，如果她能帮爸爸妈妈照顾弟弟妹妹，她就可以得到爱；如果她学习好，她可以得到爱；如果她足够安静和乖就可以得到爱；如果她能成为爸爸或者妈妈的情绪垃圾桶，她就可以得到爱；如果她被爸爸妈妈攻击了而保持安静，她就可以得到爱……总之，她发现，如果自己照顾周围所有人，她就可以得到爱，她就被训练得成为一种爱的信仰的追随者：爱=奉献和照顾他人。

如果换一种视角，就会发现，其实如果一个人在关系中热衷照顾他人，那么这也说明，也许他不知道自己和他人的区别，换言之，他也是个无边界的人。因为他分不清自己的需要和他人的需要的区别，而坚持认为，如果自己照顾了别人，别人必然会很好地回馈自己，其实就是按照自己的假想来“强奸”这个世界。在别人看来，这也许是一件不可思议的事：为什么这个世界的运行要按照你的规则来？但在他这里也许是一种天经地义，因为从小他就是在这样的世界里长大的。这个世界要求他放下所有自己的需要，将别人的需要放在自己的需要之上，只有先满足了别人，他的需要才能被满足，或者说他的需要的满足必须要以满足他人的需要为前提。

这样的奉献者其实也是情感的放贷者，在情感的初期，他们的奉献带有一种无怨无悔的“美感”；但在爱情的后期，当他们的爱无法得到想象中的回报时，他们的“高利贷”的本性就会暴露出来。他们的这种本性也是人性，因为这个世界的第一定律就是“守恒定律”，万事万物都需要平衡，没有不需要回报的付出，也没有不需要付出的回报。一般来说，高利贷往往要和黑道联系在一起的，那么往往“照顾者”的爱，在初期的时候带着“山楂树之恋”式的唯美色彩，但到了后期往往就摇身一变成了“无间道”式的情感残酷专权，会把对方当成自己的私有产品，并且一意孤行。那些结婚若干年后强女弱男的家庭基本就是这个类型。

还有一个隐秘的线索就是照顾者对索求者有很复杂的心理冲突。一方面，他们之所以无微不至地照顾索求者，是因为他们其实很羡慕索求者这样公然暴露自己的脆弱，而这对他们来说简直就是一种禁忌乃至罪恶。他们舍弃了自己的脆弱才获得爱，现在有个人会这么肆无忌惮地表达他们一生中都被无形禁止的事，他们会非常热爱这样的人。因为这些人所说的话很多都是那个被他们压抑的自己的心声，他们怎么能不爱？其实这还是一种没有边界的表现。你非常爱一个人，其实是因为这个人能够说你不敢说的话，做你不敢做的事，如果你和他在一起，那么也许就好像是你也有这种品质一样，这其实是一种连体现象。

你会经常看到在学校中，一个美女身边，往往会有一个小丑女，为什么会有这种共生现象？因为美女有着丑女艳羡的部分，而丑女也有美女需要的东西。（比如，可以得到和容貌无关的爱，如果一个男人爱丑女了，说明这个人的爱是超越容貌的。）

这么说来，照顾者其实照顾的不是索爱者，他在照顾内心里的那个小孩。那个小孩一直因为必须装大人而丧失了无忧无虑的童年乃至青少年时光，于是发展出一种过度补偿的方式，一直“刻舟求剑”，来满足自己未了的心愿。当然无论如何补偿或者照顾多少人，也无法真正地了却心愿，因为那都是别人，或者说时光不再来，他们无法放弃的是那种遗憾。他们紧抓着遗憾不放，是因为如果他们不放下，就意味着这件事没有过去，为了挽救不可挽救的时光，很多人会将现在活成过去，心灵的世界一直逗留在小时的那一刻。

从另一个方面看，其实照顾者一直溺爱索爱者，也许也是一种“隐性攻击”。在美国，把一个孩子喂得超重是要追究法律责任的，名曰“虐待罪”，通过不断地照顾一个人，让一个人越来越退化，其实是一种最大的惩罚。

曾在地铁里听两个女人探讨驭夫术，听了以后一身冷汗。其中一个女人说，让男人离不开你的最好方法就是对他好，好到连冰箱门都要你来开，连饭都要你来喂，离开你他就无法自理，这样你就会永远把他攥到手心里了。我听了忽然悟到，爱也可以成为一种虐待，那是一种控制的爱。

按理说，一个索求者和一个照顾者相遇，应该是一种天造地设的安排。他们一个要，一个给，而且你情我愿，看上去堪称完美。

只可惜，他们的交流再完美也是单向的，或者说他们的爱只是单行道，没有回馈，没有爱的回流。虽然说他们的爱本身已经有一定的回馈，比如说索爱者往往用更加依恋来让照顾者感到自己的重要性，而照顾者往往用更加努力的照顾来让索爱者看到照顾者对他的种种脆弱表现的肯定。但终归，他们都是有自我主见的人，无论他们将自我贬抑到何等境地，他们的自我依然会像杂草一样顽强地“春风吹又生”。

道理很简单：无论照顾者从索爱者那里获得了多少价值感，他也需要被照顾；而索爱者，无论如何表达自我的无力感，他的内心也想要拥有自我的价值感。毁灭自己能获得的只是生存之爱，而非发展之爱，爱而只为求生，或者在濒死状态下的爱，无论有多强烈，也不会真正让人果腹的。

最重要的是，他们虽然在关系中可能完整地复制了自己的父母，但毕竟他们不是彼此的父母，或者说孩子，他们没有血缘关系，他们的年龄相若。而爱情关系和亲情关系最大的区别就是他们的爱是需要双向满足的，他们无论如何牺牲自我，也做不到父母之爱的那种“无边界”，因为他们不是彼此身上掉下来的那块肉。

或者说，他们之所以离开原生家庭是因为他们不能再满足于过去的爱的模式，他们到外面而不是在家里继续待着，可能一个很大原因就是他们可能都受够了过去的爱的模式的纠结和束缚，他们想要新的生活，而不希望过去的悲剧重演。可惜，他们虽然可能有如此强烈的意念和动机，但他们不知道除了用老方法还可以用什么其他新的方式去爱。

怎么办？要解决的第一问题，如何让我们从幻想回到现实。比如燕子的男友遇到了麻烦，能在《魔兽》的世界里寻求安慰，而没有选择现实中的她，这本身说明他们之间缺乏一个“共患难”的机制，这说明他们的感情遇到了一个契机，或者说，他们的感情正在面临一个选择。真正的情感是可以共担风险的，虚假的感情只是过家家游戏，只能享受甜蜜而没有抗压能力。

也就是说照顾者如果想做得更好，不是照顾一个人的起居饮食，而是要照顾这个人的精神世界，如果她能走入这个男生的精神世界，她才能真正和这个男生的心灵共振。

那么怎么才能走入一个大门紧闭的内心呢？我们用什么方式“攻城”呢？也许我们要学学古人的智慧。古人创造的“武”乃“止戈”之意，真正的“武道”是放下屠刀，立地成佛，或者说化干戈为玉帛。她的命令、抱怨和指责，只能让他更对现实感到失望。停止指责和攻击，停下批评和抱怨，拯救他，只有用她的心。而将自己内心的门打开，用自己的内心叩击对方的内心，这也许才是让对方真的敞开心门的唯一办法。

只有你接纳了对方的脆弱、恐惧和迷茫，表达对他的理解和自己的痛苦，对方才有可能跟你交流他内心的感受，才能真正解决困扰他的问题。

也许做得更好，才是好。比如对燕子来说，也许最重要的是什么都不做，因为她人生中的一个问题就是也许她做得太多了，而对她的男友来说，他又是做得太少了。如果我们都愿意向后退一步，不再按照我们习惯的模式去做的话，也许一些新的可能性就会出现。

也许给彼此一点儿时间和空间，才是解决问题的最好方式。有时，人需要退回到孩童状态一段时间，尤其在进入社会的初期，很多年轻人会有一段迷惘的时期。曾有人把美国 20 世纪 60 年代的青年叫做垮掉的一代，但今天美国主流社会的中坚正是当年的

“堕落分子”。有时越是容易迷惘的人，越是有天分的；按部就班生活的人是不会糊涂的，但也是平庸的。

必须强调的是，很多人这么做的时候，往往并不是“故意”这么做的，而是被自己从小反复训练出来的“求爱”模式驱使完成的。那么为什么很多人长大了依然会选择小时候的行为模式，因为他们太忠心于过去的家庭和自己的父母。我们的“孝”是个很可怕的字，分解起来就是一个“土”下面压着一个“子”，还有一块棺材板式的斜线放着，不压死才怪呢。

这给人一种不太舒服的联想，其实我们爱自己父母最好的方式就是敬，并让自己活得比他们更幸福，而不是比他们更痛苦，我相信全天下的父母都会明白这个道理，可惜很多孩子不懂。

卢悦解“毒”

爱有“潜标准”，有人鬼使神差爱上一个不该爱的人。

爱有时会成为一种虐待，那只是一种控制的爱。

刚才还如沐春风，此刻却感觉冷若冰霜

——爱情忽冷忽热，莫把主动权压别人身上

曾经有一首口水歌，歌名已经不知道叫什么了，但里面有一句歌词却非常有“深度”：女孩的心思你别猜，你猜来猜去就会把她爱。其实岂止是女孩的心思？男孩的心思，如果你老是猜，那么你也容易爱上他。

那么为什么你如果老猜一个人的心思，就会容易爱上他呢？因为我们的注意力是需要能量的，什么人会比较占用我们的“内存”？当然是比较重要的人了。如果这个人不重要，你一天之间可以见到成千上万人，你为什么要选择这么一个人来“猜”？也就是说，这个世界上有千千万万个事物，只有少数一些能成为“前景”，也就是我们内心镜头聚焦之处，而多数都是我们的“背景”，因为我们的能量有限，我们必须要做出选择和取舍。如果你对一个人猜来猜去，那就说明这个人的存在对你很重要，他是一个很能影响你的人，或者说他是一个可以敲开你心门的人，他是占用你大量内存空间的人，那么这个人当然就是你爱的人。

那么什么样的人会吸引我们去猜呢？这样的人身上第一个特征就是充满了“变化”，不可预期。如果这人循规蹈矩，拿老百姓

的粗话来说：臭皮匠不用显摆，也就是说，这个人是不需要你关注的。就像你学车一样，在你刚刚开始学车的时候，你要全神贯注，注意力都不够使；等刚刚学会的时候，你会觉得开车是一件非常让你喜悦的事情；但等你开了一年以后，开车已经不在话下，你可以一边开车一边听广播，一边和人聊天一边吃汉堡剪指甲拿大顶……也就是说很多事情一旦我们可以预期它的规律以后，它就不会再“挤占”我们的“内存”，它就会后退为背景。

那么这个道理拿到关系中也可以适用。为什么艺术家会很容易吸引女孩子？因为他们都够疯癫，疯癫气质的人不按常理出牌，不可理喻，不可预期，你时刻要处于兴奋和警觉的状态，就好像你随时都要学车一样。如果你的生活足够无聊，很平淡和像流水线一样流程化，那么你会对那些不讲道理胡作非为的人非常感兴趣，因为他们拥有你想要的所有刺激。相反一个比较混乱的人会喜欢上一个安静的可以预期的人，这都是物极必反、否极泰来的道理。

很多人不明白，为什么我们的亲密关系一旦固定下来，感情就好像淡了下来？如果从这个角度看，那么就是一旦你们关系确定，成为夫妻俩了，你的一切行为都可以预期的时候，就不会占用对方的内存空间。如果他闭上眼睛都会知道你要干什么，这未必是一件好事，因为此时你就从“前景”变成了“背景”，如果你是“背景”了，那么站在你爱人身边的“前景”以及占用他内存的又是谁呢？

所以，有人说婚姻是爱情的“坟墓”不无道理，如果不对此有所认识，觉得一旦进入婚姻或者成为男女朋友就开始放宽心，仿佛爱的保质期是一万年似的，就容易“大意失荆州”。为什么男人会拜倒在妖媚女人的石榴裙下？为什么女人会被坏小子式的花花公子吸引，因为这些人一直在刺激着我们的情绪和感情，而不是停止刺激，进入“冬眠”。当然，这些都只是一般而论，必要的刺激是需要的，但过度的刺激恐怕就容易出问题了。

对紫静来说，男友的情绪好像失控的冷热空调一样，上一刻还如沐春风，下一刻就秋风扫落叶了。她和男友认识时间不长，但在一起分分合合也将近一年。刚开始的时候她觉得很幸福，男友一有时间就陪着她，陪她逛书市，等等，让她很开心的是，男友很细腻，经常会搞一些有创意的小惊喜给她，她觉得男友真的很爱她。可时间久了，她觉得男友对她的态度有了些转变。他脾气好强，占有欲也很强。经常因为紫静和别的男性说话而闹得不可开交，虽然紫静问心无愧，也觉得他实在过分，但为了这份感情，最后总是紫静低头哄他，道歉赔不是。就算是他们闹到分手了，男友也绝不会挽留她。两人分手半个月左右，男友又会给紫静一些希望，让她回头找他，再次复合初期往往会很好，见面也能感受到幸福，但一旦大家各回各家，就好像变了个节气。紫静给男友打电话，他似乎不想跟她多说，总是匆匆挂掉，这让她想起当初男友追她时可是每天都要打电话给她啊！如今他们发展到即使是上网聊天，男友也是只回一两个字。她不明白，男友态度冷淡了是不是证明他们之间的爱情也冷淡了。有好几次紫静真的决定离开他，可是没过多久男友一对她好，她又情不自禁地和他复合了。回顾这一年多的感情，简直就像是过山车，很极端，好的时候非常幸福，不好的时候很痛苦。为什么男友这样时冷时热的？她真的想不明白……

如果一个人的感情在寒冰和火焰中轮换，这的确是一种很痛苦的过程。这种过山车般的爱情生活给人的第一种痛苦是极端的反差感，就好像一个人穿着夏衣忽然被扔到了北极，这种迅速变化的“温差”会让人难以适应，痛苦会因为这种反差而加剧。第二种痛苦就是不确定性，因为经历了几次“钟摆式”的冷热循环，即使我们在享受幸福的时候也会提心吊胆，害怕对方转眼间变了脸。第三种痛苦是绝望和无力感，循环次数多了，你会有一种无能为力的感觉，困惑多了，耗竭感和压力会如泰山压顶。

一般而言，如果两个人在关系中情绪很不稳定，往往是因为他们的边界感出了问题。通常而言，边界感最容易在恋爱初期出现。当我们开始进入激情如火的热恋时，往往会像连体人一样如胶似漆，大家往往会出现一个错觉，好像两个人心意相通，而且这种情况会永远持续下去。因为证据很明显：他对你好，你当然也就会对他好，好到一定程度就会觉得和你融为一体，可惜你们虽然水乳交融，但还是两个个体。但对这样的伴侣而言，爱情就是 1+1=1，每个人都成了另外一个人身体的一部分，他们彼此之间的爱是一种吞并式的爱，也就是他们对对方的好，说到底还是对自己的好，因为他们已经将对方融到自己的一部分去了。比如男友对紫静的愤怒是他对无法控制自己身体一部分的愤怒。

从紫静男友的视角来看，一旦他发现无法控制紫静的思想和情感，他就选择隔离，用一种彻底排出体外的方式对应她的“背叛”，但他也很怀念这种融为一体的感觉，于是他就会想要继续以前那种“幸福的一体感”。但是他会选择一种比较“安全”的方式来挽回感情，他会给紫静一些“信息素”让她自动回到他身边，这样做的好处是他可以很安全，不用承担被拒绝的“可怕后果”。

但即使他们在一起的时候，她也会经常体会到这种忽冷忽热的感受，他们的感情始终是一种不稳定的状态，那是因为他们的内心都对两性关系缺乏一种稳定感，或者说他们都不知道如何保持这种稳定。大家对两性关系既非常渴望又非常恐惧，显然他们彼此的过去没有给他们提供一个如何维持一份稳定情感的模板。因为有太强的不安全感，非常害怕被伤害，所以他时刻做好了逃跑的准备，遇到伤害的事情，比如分手，紫静的男友立刻用冷漠的面具来屏蔽一切情绪。他要求在情感中控制一切事情，因为他的内心在某些地方完全失控。

在他的感情中，第一重要的是安全。在他的信仰中，他会坚信一句话：你没有资格拥有幸福。

从紫静的角度来说，她是这种边缘性爱人的最好匹配对象。为什么会这么说？因为紫静在这份感情中处于被动状态，主动权出让给男友了。他对紫静好，紫静就回来，对紫静坏，紫静就离开。其实也许他在不断测试自己的一个假定：如果对她坏，而她不离开，这说明她真的爱自己。他也许需要一个女人能真正包容他的恶和好。紫静在不断验证他内心的一个假定：这个世界没有无条件地爱他的人。

而紫静也是一个很典型的自恋型爱人，看上去她似乎很不

“恋”自己，因为在这份爱中，她毫无尊严，简直有些“招之即来，挥之即去”。其实自恋型爱人有两种，一种是理想化自己，另一种是理想化他人。

是什么让紫静把爱情的主动权放在别人手里？是什么让紫静把幸福的按钮放在别人身上？是什么让紫静无法争取自己的幸福？是什么让紫静放弃了自己的主权和“领土”？在这段感情里，紫静爱得像个孩子，只有非常小的孩子，才无法决定自己的幸福，而把所有的生活都交给了父母。

其实成人和孩童之间最大的区别就是你的现实感有多强。一个人一出生会将父母看成是上帝，因为在他那个局限的小世界里，父母的确是无所不能的；而到了小学，似乎老师成了他的世界的唯一统治者；然后到了中学，孩子们发现父母和老师都已经不足以覆盖他们的天空了，于是一些明星成为他们的偶像以及理想化的对象；当然当我们步入爱情的时候，恋爱对象又一次成为我们理想化的对象。

所谓理想化就是没有现实感的标志之一，理想化意味着我爱的人是我头脑中的那个人，如果这个人不符合我的幻想，我就会伤心，我就要他赔偿我的损失。理想化之所以成为自恋型爱人的标志，就是因为他们爱的还是自己心中的那个爱人，那个爱人约等于上帝。

所以当尼采说“上帝死了”的时候，整个人类文明都在走出婴儿期，开始真正成熟起来。包括我们的婚姻观和恋爱观的文化形成也不过才近一百年，所以什么时候，我们心中那个完全负责我们一切行为的上帝死了，而我们自己成为自己主宰的时候，我们的爱才算真正安全。

不对自己负责有一个好处，那就是看上去很安全，如果我们碰巧遇到一个一辈子对自己好的爱人该多好？就像很多人都在想，为什么自己没有生在富豪之家？但可惜，在情感世界中，没有雷锋叔叔，我们得做一些事，付出一些辛苦和努力，受一些伤害，最后才能得到我们想要的东西。所以紫静男友的愤怒是婴儿式的愤怒，当一个婴儿没有奶喝的时候，他是要拼命叫的，要愤怒的，因为他无法掌握幸福，而只能通过愤怒控制奶瓶。

很多人的感情都是一种“打哑谜”式的状态，好像两个人一个是天聋，一个是地哑，紫静们都有嘴巴，是什么让紫静们宁愿瞎猜，也不跟对方说出心里话？这又和安全感有关，从小很多人都学到一点——最好少说心里话，这样会让紫静觉得好像赤身裸体于闹市，可惜，他们好像上了情感的床，却还要身披重铠。小时候的生存策略，用到成人的世界，当然会显得太过幼稚和局限了。

这就是情感中经常发生的悖论：我们彼此相爱是想要敞开心扉，可是因为害怕伤害，我们又紧紧关着门，只能靠苦苦地猜测，甚至询问他人而试图知道对方想法，即使那人就在眼前，也不敢问一句。

既然我们都如此痛苦，那么问问对方的想法，告诉他你的想法仍然是一种禁忌吗？那么是什么让我们的心和心的交流成为一种禁忌？是什么让我们对心和心的联结手足无措？又是什么让两个充满了不安全感的人，不能互相取暖？

在咨询中，我看到了太多无法表达、不会表达，也无法倾听、不会倾听的人，他们在自己的世界里循环往复，然后把自己的世界安在别人身上。只是因为恐惧，多年来的恐惧，不断积累，不断升级的恐惧，他们恐惧恐惧本身，于是他们试图用各种方法逃避它，但代价是更痛苦，更绝望。

如果我们真的想要解决这个问题，那就转过身来，面对我们一直逃避的东西。

卢悦解“毒”

忽冷忽热的爱，给人变幻不定、难以揣摩的感觉。

爱情中最痛苦的事情，莫过于彼此猜测，各怀一心。

跟自己较劲，却卷入了四角恋

——要想得到幸福，必须成为戏里的主角

“只要你过得比我好，什么事都难不倒，一直到老……”这是一首老歌，这首歌曾传唱一时，因为它的歌词很伟大，伟大到让人很难相信究竟是否有人做得到，因为据说爱是自私的，或者说爱是以占有为目的的。而彻底无私助人、完全脱离低级趣味、彻底纯粹的人是我们这个文化一直苦苦追求而且大力弘扬的。在爱情中，这种无私的奉献精神，一直在很多言情小说里被反复颂扬。一个女人为了让她的所爱得到幸福，宁可隐忍多年，直到为此病倒床榻，依然严守爱的秘密；一个男人为了让他的所爱得到幸福，宁可故意佯装混蛋，让他所爱的女人离开他而投入他弟弟的怀抱，而自己隐忍多年，直到去世前最后一刻，女人才知道……

这样的情节是多么的感人，以至于在电视剧里，我们看到的都是这样可歌可泣的爱的“施舍者”。爱到这个份儿上，似乎就违反了人性的基本原则，那就是人都是自利的。一个人如果成为一个慈善家当然是很值得庆贺的，如果这个慈善家以自己的痛苦换来别人的幸福，那么这个事就会变得很可疑，他一定有一个强大的理由放弃自己很重要的一段关系。

我们的生命都有贵贱，我们的死也有鸿毛与泰山之分，按照这种不同量级，似乎我们的牺牲也有层次，这个层次的基本原理就是你的比我的更重要。“我是螺丝钉”的文化中，我们所有人都可以成为配件，可以随时被更换，而且必须要心满意足。

如果一个文化不赞成为自己而活，那么其结果就是我们没有人为自己负责，而为别人也负不起应有的责任。

一个心理专家曾说过，人的痛苦主要是来自一个矛盾，这个矛盾就是：我想要成为什么人和别人要我成为什么人的冲突。之所以会冲突，因为我们都需要成为乖孩子，而乖孩子的一个最大特征就是要有“眼力见”，要随时将自己的利益放在其他人之后，比如“孔融让梨”的故事。

所以当你看到中国的影片时，你会看到一堆为别人牺牲的烈士，而如果你看好莱坞影片，你会发现一堆为保护自己利益而牺牲的烈士，同样是烈士，但牺牲的理由不同，表现的文化理念也就不同。中国式的爱告诉我们，你必须要将自己放在别人需要的背后；而美国式的爱则告诉我们，即使是为别人牺牲，也是缘于对自我的救赎。

琼子就是典型的中国爱情烈士，她一开始对一个男人只是普通的好感，淡淡的喜欢而已，这些喜欢从第一次见到他起就只能深深藏在心里了。原因很简单：社会是现实的，她是平凡的，而他是超俗的。

一年前，琼子的朋友A一直在追求他，但是一直没有什么结果，那个男人就是当年A带入到圈子里的。前段时间，琼子惊讶地发现另一个朋友B也喜欢他，她就一心撮合他和B，因为她认为B可以给他幸福，给他想要的一切，那是她给不了的。她一直相信一个理念就是：爱一个人，当你给不了他幸福时，你就要为他寻找幸福，因为他快乐幸福，她就满足了。当男人和B好上了，她还由衷地祝福他们。

这出戏本来应该到此结束，但可惜他们的故事太像琼瑶小说了，故事没有峰回路转，怎么会真正让人感情跌宕？

当B告诉琼子那些甜蜜和亲密的事情时，她才知道自己受不了，每每想起那场景就心疼得想哭。她已经不只是淡淡地喜欢了，自己已深深爱上那个男人了，她自己都不知道是什么时候开始的。

当她第一次见到他时，当他受伤时，当他哭时，琼子只想让他开心。因为这件事已经让她们几个朋友的关系很紧张了。她当时没有去考虑A的感受，最重要的错就错在她也爱上这个男人了。现在B又感觉有点矛盾，感觉对不起A。琼子看到B对他不好就会很生气。她知道就算他们以后分开了，她和那个男人也是不可能的。但是她现在真的无法自拔了，越陷越深了……

世界上就是有一些人能将自己的生活变成一团乱麻，将一堆人串成糖葫芦，一起纠结着，冲突着，痛苦着。我们称这样的人为浪漫的人或者说情种。

当然我不知道是天下本来就有这样的情感，还是琼瑶阿姨教唆的。是的，这个世界上情感就是有复杂类型的，并不是情感复杂，而是我们的人性太复杂，我们的内心太矛盾，我们的内心有很多自行其是的部分，好像很多时候，我们的所作所为让另一个时期的我感到非常陌生。因为我们很多时候，有一种角色扮演的功能，不同的时段，我们就会有不同的自己“掌权”，这就像是驴象两党轮流执政一样。

故事的主人公有琼子和男人，外加 A、B，共四个人。A 把男人引入琼子的朋友圈，引发了琼子和两位朋友的明争暗斗，琼子支持 B，因为 B 看上去能让那个男人更幸福。可是当一切如琼子“所愿”时，似乎“伟大”的情怀就消失了，于是三个朋友就为了这个男人陷入了相互的怨恨、悔恨、内疚之中。如果我是个女权主义者，会说那个男人看上去是个“蓝颜祸水”；如果我是个男权主义者，会痛骂琼子根本就没有将这个男人当男人，只是像转让玩具一样给了最适合拥有“它”的人。

可是指责是毫无意义的，问题在于，琼子等四人构成了一个连环套，像益智游戏一样无人能从中脱身。老实说，我对琼子所说的那句话——“爱一个人，当我给不了他幸福时，我就会为他寻找幸福，因为他快乐幸福，我就满足了”真是神往，但我总觉得这句话像是电视剧里主人公临终前的遗言。因为要死了，说这句话看上去是最合适的——也是剧本里最有力的“豹尾”，说这句话的人如有配乐的话，我会选择那种深情的、壮怀激烈的、能让面孔露出宣誓表情的音乐，主人公说完这句可以证明他能登上天堂的话，就可以前往西方极乐世界了。

不好意思，我在这里话又说过了，我之所以对这句话有些讽刺，是因为这句话祸害了太多像琼子这样的“纯洁”青年。爱就是自私的、占有的，世界上没有大公无私的爱，如果用狭隘的世界观理解的话，即使是圣雄甘地，他追求的，也是他想要的东西，一种拯救世界的满足感。在我们心底之下，我们的一切善良意图和卑鄙意图，都出自我们的私心。因此，我劝琼子趁早用这样的世界观看世界，如果琼子现在不能接受，等她大一些，她必然如此。我敢打赌，如果她用这样的世界观看世界，她做的好事会多过坏事，她会做更多双赢的事，而不是现在这样被一句话带到沟里去。

但是，由于很多年轻人没经历世事，相信这句话是有一定难度的。正如我说的，即使琼子相信这句话，依然不能摆脱“自私”定律。琼子的观点是伟大的友谊和对爱的崇高理解让她这么做。只不过，琼子过去的自我的边际非常广，琼子的两个朋友 A 和 B，在琼子的潜意识里，都是琼子的一部分。所以琼子可以轻松地说，男人如衣服，穿在最适合它的人身上。A 和 B，只不过是琼子自己的两个替身，或者投影。A 代表不能拥有他的琼子，B 代表可以拥有他的琼子。但是琼子最后终于知道，这个替身和投射不是没有边界的，或者说琼子终于触及爱的疆界了，没有人可以代表琼子的快乐和幸福，也没有人可以替琼子承担罪责和痛苦。无论是帮 B 还是毁 A，琼子都试图让别人替琼子活着。我们说的也许都有道理，但我相信琼子的道理在琼子的世界里似乎已经破产了——让琼子发现了真实的自己。是的，男人不是玩具，是不能分享的，因为琼子和他发展的是人和人的关系。

这件事让我看到了琼子的两个侧面：一、琼子的自我边界模糊，琼子试图将朋友们也拉入自己的世界，这样做的好处是让琼子可以不必负什么责任，而可以分享到很多东西；二、琼子对自我极度否定，琼子认为自己不配这个男人，琼子甚至认为A也不配——琼子凭什么给A下定论？我不知道在感情中什么叫配与不配——琼子问过当事人吗？我不知道两个人在一起需要什么标准，琼子又凭什么认为这两个人在一起就会幸福或者不幸福？她的标准可以强加给别人吗？

我本来想探索琼子对自我的极度否定，但不知不觉我又发现琼子又极度自我膨胀，因为琼子现在做的事情是决定别人命运的月下老人，琼子有权力判断以及决定他人的命运，琼子对自己和他人的命运确信不疑。在这一点上，琼子超过了我所知道的世界上最伟大的预言家们以及巫婆神汉们。他们只能用晦涩的语言穿凿附会，而琼子则勇敢地说出了周围人的命运。

显然琼子内心有一个确信不疑的信念，这个信念让琼子对这个世界的判断非常清晰、明确。另一方面，琼子的自我边界很模糊，这导致琼子不仅深信自己不配拥有美好男人的幸福，也让琼子相信自己也可以决定他人的命运。

要想得到你想要的幸福，那你必须成为这场游戏里的主角，很有意思的是，这个戏里的其他人，或多或少都有和琼子相似的信念，这才让他们形成一个“食物链”，纠缠不清。

我想疼痛是有意义的，因为它让琼子的爱——对自己的爱不能再被藏起来了，我们不配拥有幸福，不配拥有爱，只能躲在伟大的奉献和牺牲后面，自我麻醉——但它还是要提醒琼子，琼子要“爱立醒”了，承认自己自卑和胆怯，承认自己的恐惧和渴望，承认自己的自我和欲望，那套说辞破产之日，就是琼子找到自我之时。

什么样的人最喜欢玩如此复杂的游戏？用心理学术语表示就是身怀“俄狄浦斯情结”的人，他们玩的游戏最复杂。“俄狄浦斯情结”可以称之为“较劲情结”——而且是跟其他人较劲的情结。

一个人的“俄狄浦斯情结”往往出现在4岁到6岁之间，那时孩子开始要从妈妈的怀抱里走出来，他发现爸爸和妈妈的关系也很亲密，或者说开始觉察到爸爸妈妈的关系中有他所不能及的部分，这个小孩子就有意无意地想要插足于父母的关系中，试图和自己的同性竞争，以此争夺爱的能量的分配。

如果一个小女孩从小生活在和姐姐妹妹一起争夺父母之爱的环境中，她就必须要学到一种生存策略，那就是我该如何做才能获得爸爸妈妈的爱。如果大姐靠撒娇，二姐靠安静，那么也许她就要想想自己的策略如何与众不同才能获得父母的重视。比如也许她会发展出一种“大方”的气质，当然一般而言，这种“自我牺牲”的精神更多出现在家里排行老大的人身上，但也不尽然，因为每个家都有自己独特的运行规律。总之，一个充满浪漫的自我牺牲气质的人一定是父母和孩子互动的结果，这是一种条件反射，父母也许会对这个孩子某些地方关注，而这个孩子往往就会像小苗一样在有阳光和水分的地方生长。一个多子女家庭，父母很难一一顾及，如果有一个善解人意的懂事的善于牺牲自己利益的孩子，那简直帮了父母大忙了，父母如何不爱他？当他们对孩子的这种言行做出积极反应的时候，孩子就好像得到了暗示，开始不断强化这种爱的方式，直到成为他人生的准则：牺牲可以带来爱。

孔融让梨可以得到父母的夸奖，他的行为才可以继续下去。琼子和几个姐妹都爱上了同一个男人，这说明她们也许或多或少有相似的家庭背景，她们的痛苦对她们是一件好事，因为这让她们不再沉浸在幼年决定的“红利”中，而有了可贵的“现实感”。虽然将苹果喂到对方的嘴里也会让你很开心，但毕竟饿肚子的人也是你啊！

当我们的利益理所应当地位于其他人之后的时候，就意味着我们必须要放弃自我，被他人所吞噬，然后我们就可以反过来也吞噬对方，也就是我们需要对方吃饭完毕给我们“付款”。而一旦没有人像家里人这么做的时候，悲剧就发生了。

我们在爱情中失败，往往是因为我们希望这个世界也像我们家庭一样运转，这种力量实在太强大，因为它是过去二三十年不断强化的结果，以至于它根本不以我们的意志为转移。除非我们能时刻觉察到它，并坚持与之相处，直到我们能发展出一套自行研制的和这个世界相处的方式，找到如何在做自己和做别人之间的道路。

卢悦解“毒”

爱一个人，当你给不了他幸福时，你就要为他寻找幸福。

爱情就是自私的，占有的，世界上没有大公无私的爱情。

谈了 15 个男友，还不敢走入婚姻

——恋爱不是游戏，关键要走出心里那扇暗门

“乱花渐欲迷人眼，浅草才能没马蹄。”这句诗的原意我不想过多阐释，我只想强调在这里引用的寓意，那就是，即使很多时候，我们看上去似乎有很多选择，但如果我们内心没有选择愿望的话，那么选择就不是选择，而只是一些缭乱的幻影。

这些幻影有时是如此有欺骗性，以至于让我们以为它就是真实的。有时幻想对我们来说是有用的，起码它不会让我们疼，就好像运动员打了封闭一样，似乎是止住了病痛，但那根本是治标而不是治本。

我鼓励大家偶尔可以发挥下想象力自欺，但不鼓励大家长期服用这种“致幻剂”，丧失现实感。其实并不是“精神病患者”才会脱离现实感，我们很多人在很多时候的现实感都是比较低的，而且坚持用自己的想法来定义这个世界。如果这种定义在封闭的环境下做出来，而没有一种交互的信息，那么这种交流往往会让我们在某些时刻，在一个恶性循环中痛苦。

佛理在我眼里是一门很好的哲学，因为它把很多道理说明白了。我浅显地理解，如果用轮回来定义循环会更形象一些，佛教

里说某人和某人有因缘，并没有说两人是关系好还是关系坏，而是说两个人之间有很强的能量相扣在一起，所以从前生纠缠到今生，再从今生发展到来生。

其实没有什么深奥，你就将前生看成过去，将今生看成当下，来生看成未来就可以。轮回可以在一生中完成很多次的，这是我的轮回观。

其实我们的内心不管如何判断，它关心的是这个人是否和你有比较强的联结感。如果这个人和你有很深的联结，那么你可以用很多方式和对方有联结，当然形式可以多样，比如爱或恨，遗忘或不可忘，崇拜或蔑视，这些都不过是这个能量的定义或者看待方式而已。

民间传说有一种小鬼叫“伥”，这种鬼是被老虎吃掉的人，其鬼魂变成为老虎服役的鬼，经常引诱别人来喂老虎。也许很多时候，我们就是“为虎做伥”的“伥”，被某种无法拒绝的需要所推动，用扭曲的方式喂养它，最后变成我们自己的一个巨大的“鬼打墙”。

如果我们的生活见了鬼，那是因为那个“鬼”有很多未了的心愿，如果你不让它“安息”，它就会一直闹腾，直到你真正愿意正视它和化解它。和传说中相反，心中之鬼是无法驱散的，反而是越驱越强；也是无法封印的，只要有机会它就会破壁而出，比如当你内心没有足够力量的时候，而真正解决鬼的方式就是阳光，阳光不是让这些鬼死掉，而是让这些鬼得到真正的解脱。相信我，没有人愿意当鬼，我们所有人都想上天堂。

这么说似乎有些费解，不妨看下面的一个故事，也许你就明白，不是造化弄人，是我们弄造化，其实在这个过程中，我们并不是那么无辜和无助的。

一个叫云朵的女人，正如她的名字，是飘的。她已经32岁了，却谈过15个男朋友，每次一到男友要带她回家见父母、谈婚论嫁时，她就开始害怕，不久后选择分手，再换一个男友，然后再重复这个模式——无法和他们建立长期的关系。

云朵很清楚，自己是受了父母的影响。他们为了她，长期维持无爱的婚姻。从小让她最难忘的是，母亲向她痛诉父亲的出轨，这对她造成了伤害。之所以难忘是因为她感到难以言表的沉重。在云朵13岁那年，母亲找到父亲，请求他回家。父亲很受震动，他回来了，可人回来了，心却没有回来。虽然没有再发生什么事，但云朵不能忍受他们那种客气小心的态度，他们不是在生活，而是在做戏，观众就是她！也许就是在那时，她丧失了对婚姻的信心。

现在云朵很矛盾，很渴望有一个美满的家庭，可自己对婚姻又没有信心。她的岁数已经不小了，她很害怕，如果还不能改掉这个毛病，她也许要痛苦地生活一辈子！

15个男友，我们看到的是什么？一方面是像“小强”一样拥有永远打不死的顽强生命力，另一方面是不断重复的伤害；这让人很感慨。必须要说的是，做咨询这么多年，我印象最深的是，赞叹人的生命力的超凡绝伦，同时对人的九死不悔的顽固和偏执，感到悲哀。

如果将爱看成一条路，那么云朵已经在这条路上迷了15次，那么可能有两种情况，一种是这条路是变化的，每次都有新状况；还有一种可能就是，她也许在犯同样一个错误。而这和智商没有关系，看上去好像每次她都做了糟糕的选择，但其实也许她犯错，在她的视角里，不是犯错，而是一种“正确”。或者说，也许她看上去总是犯错的一个原因是，她根本不想改，或者改了以后要付出成本，而从她的视角里看这是得不偿失的。

人生最大的烦恼就是我不知道我想要干什么。如果你认同，我们的内心有不为我们所知的“独立”意志的话，那么很多时候，我们在做的一件事就是：当我们的身体往东走的时候，我们的内心是往西走的，这种内在不一致就造成了一个暗中的“破坏者”和“搅局者”。吴思写了一本书叫做《潜规则》，他试图告诉我们一个道理：《新闻联播》不能涵盖世界的所有东西，所谓“上有政策，下有对策”，有一些暗暗潜在的趋势，在以不为我们所意识到的方式参与我们的生活。

有没有一种可能，那就是云朵根本没有想谈恋爱成功？因为如果这些都是她告诉你的经历，那么你就会注意到，这个故事本身就是一个故事。总的来说，这个女孩似乎讲了16个故事，15个男友加上她的原生家庭的故事，但在故事比重的分配上，前者被一笔带过，后者却花了90%的篇幅。其实当她告诉你一个具有多重线索的故事时，她对故事比重的分配本身，就说明了她内心情感分配的比重。

那么她的内心真正在意的是她的复杂恋爱还是她的爸爸妈妈？这是不言而喻的。所以如果一个人的内心更多地朝向原生家庭，而不是打开心转向外面的世界，那么她如何能恋爱成功？

如果用佛法里的“业报”来形容支配我们人生的那股暗在力量的话，我倾向于认为，这个世界上是有轮回的，或者说，我们的前生、今生和来生都发生在此生，只不过可以用过去、当下和未来一一对应而已。很多因缘要纠缠，是因为有些事情未了，了结就是好，好就是了结，如果不了结“过去”或者说“前生”的因缘，或者说只是表面上终结了某事，但潜在的部分还是在翻涌着，那么轮回还会一次次发生。它的作用正类似于疼痛，警告我们：你不能这样下去了，这样做除了虚耗生命以外，别无真正建设性意义。

人生正如流水，就是从僵化和固结中走向运动和融汇，这是我们人生的整个趋势，正如海纳百川一样，这也是我们的命——必须像流水一样，而不是死水一样生活。

不知你是否追问过自己：人这一生都在做些什么？我想就两个字：突破。突破命运施加给我们的种种局限。不错，按照心理学的解释，一对恩爱的父母会成为孩子婚姻的良好模板，当他们开始组建自己的家庭时，这个模板开始发挥作用，如同指南针一样指引着我们。

老实说，拥有如此恩爱父母的人有多少呢？如果父母没有美满的婚姻，我们的婚姻是否就必然会一塌糊涂呢？当然不会。

其实在云朵的情感旅程里，我们可以看到的是两个年龄段的女孩。在男友提出见父母之前，有一个32岁的女人；在男友提出见父母之后，女人的年龄回到了13岁（少女最敏感期）。32岁的云朵所做的一切努力，都被 13 岁的云朵心怀的恐惧打败了。

十几年前，云朵的确无能为力，因为她太小，而且她想解决的是一个自己根本无法解决的问题。作为孩子，我们无法成为父母婚姻的主宰。所以请消除以为自己可以主宰父母婚姻的幻觉吧，婚姻是他们的事，我们需要面对自己的人生，建立属于自己的婚姻关系。这句话，我真的想赠给所有活在父母婚姻阴影中而迷失了自己的人。

如果一个人到了成年还沉浸在对母亲的内疚感和对父亲的怨恨中，他就很难活在当下，这时候，人往往有一个倾向就是将现在复制为过去。比如对云朵而言，她会有一个误区，觉得父亲离开她，她就得不到父爱了。事实上，一个父亲为了孩子愿意延续一段没有感情的婚姻，足见父亲对她的爱，即使他离开了，也会爱她。

小时候，云朵的一次请求，让父亲回到了家，这会让她有一种幻觉，那就是她以为自己可以主宰父母的婚姻。很多孩子就因为这种爱的幻觉，而不得不为自己父母的婚姻负责，以至于他们不能允许自己有一个幸福的婚姻，而愿意成为父母婚姻的最后一根保险丝。

一个小孩子是可以这样幻想的，作为一个 32 岁的人应该知道，成人世界的游戏规则不是这样的，她没有挽救父母的婚姻，父母的婚姻只是像植物人一样维持了多年而已，当一个人的婚姻只成了表演给孩子的戏剧，那么这种痛苦是难以言表的。

所以很多人会为了爱而折磨彼此，乃至杀死一个人的心，这不是爱，而只是恐惧而已。

如果父母的婚姻成了作戏，我们又如何能对自己的婚姻拥有信心？真实的生活，那才是一切幸福的开始。一旦失去了真实感，我们只能靠幻想的致幻剂苟延残喘而已。

对云朵而言，如果她再遇到男方提出见父母的要求时，不妨尝试着跟他表明自己暂时没有做好进入婚姻的准备，告诉他，自己需要一段时间，建立对亲密关系的足够信任。让他支持她度过这个人生中比较难熬的阶段，一个男人的包容的爱可以给这小小的惊弓之鸟更多的勇气。

而云朵也需要和自己内心中那个恐惧的小女孩对话，告诉她自己准备继续探索。感觉太痛苦时，可以稍微停下来，但姿态要一直往前走。换句话说，云朵要明白，恐惧不是来自和男友之间的关系，而是来自十多年前；她恐惧的不是现在，而是过去。

归结为一句话：活在当下，寻找一段温暖的感情，告诉对方自己需要时间，让他的温暖鼓励内在的受伤的孩子，放慢脚步，但一直向前。

卢悦解“毒”

恋爱其实是一种犯错，并在犯错中一次次修正。

父母没有美满的婚姻，不等于我们的婚姻就必然会一塌糊涂。

害怕爱情有魔咒，不敢越雷池

——内心抱残守缺，到手的幸福也会烫手

世界上有没有被诅咒的爱情？这是一个好问题。因为如果你说否的话，那么会有成吨的证据告诉你，真的有很多爱情好像是见了鬼着了魔，发生各种小概率事件，整各种幺蛾子，相似的事情一次次发生，没完没了在一个坑里跌倒……没法解释为什么我们像拉磨的驴一样，就是走不出爱情的鬼打墙。

那么如果你说是的话，麻烦就来了，谁下了咒，这个咒又是什么？有效期有多长？有趣的是，我们的咒都是为我们量身定做的，都是 VIP 服务，绝对不能通用，很多事情对一些人来说简直就是小菜一碟，可是对另一些人来说这就是灭顶之灾。

怎么说呢，就像玫瑰虽好，但如果你对花粉过敏，那玫瑰就成了杀死你的最好武器。如果这个世界上真的有巫蛊存在的话，那么我们就要知道故事的起源，冤有头债有主，我们要将问题清算，伤口洗净才能停止这场没有未来只有过去的游戏。

从我的视角来看，这个世界上几乎每个人都有一些咒在自己的头上安着，如果你没有感觉到，那是因为还没有人念，往往我们寻找爱情，也许就是想要寻找为我们解开咒语的人。

童话故事为我们指出明路，爱从来都是化解咒语的最好解药。所以很多人都在挑选一个最“干净”的人作为解毒丸。咒语有两种，一种是一个人反复遭遇类似的爱情，记吃不记打；一种是好像遇到自己想要的，可是就像中了邪一样，完全无法动弹。前者是过动，后者是被“魇住”了。

夏一梦曾有过两次刻骨铭心的爱情，但不知道为什么，两个都是已婚男人，两次都以悲惨结局收场。她决定告别这一人群，可是现在她又不“争气”地爱上了一个网友，这个人是她和前男友的第三者，现在她成了“出轨”的一方。

夏一梦很惶惑，为什么她总是陷入这种非正常感情？她觉得自己做了这么多对其他人不好的事情，她害怕自己会不能接受这段感情，也害怕现在这个男友会在意她的过去。

目前，她的男友对她可谓是无微不至，做了很多让她很感动的事情，只是他现在是个穷小子，现在很多女孩都很现实，但她不想盲从那些世俗的想法，她想做自己。她觉得爱只要彼此用心就足够，只是她害怕别人不会接受网友成为男友，更怀疑自己认为男友是爱自己的只是自欺欺人。

她心里有这么多不确定感，这种感觉简直让她进退两难，她不知道该如何继续她和男友的感情。

一个咒语是怎么形成的？也许对夏一梦而言，她为什么总是喜欢玩一些惊险的爱情，原因可能不得而知，但是就我所知，喜欢玩惊险游戏的人，一般都对惊险游戏并不陌生。我们不得不承认经历对我们的意义。比如说，我很想成为巴菲特，可是尽管我的愿望是如此强烈，但我依然会在股市上做出很多愚蠢的决定，为什么呢？因为我从小没有经历过在面对种种复杂情况之下保持清醒睿智头脑所必需的训练。

这话说起来有些复杂，用达尔文的进化论来说，可能比较清晰一些。如果你将上亿年的生物进化史塞到我们短短几十年的成长史（我们在娘胎里就演示了生物是如何进化到人的），那么我们会发现每个家庭都好像是一个地球，而我们所有人都是活下来的哺乳动物。有的家庭生活在悬崖上，这个家庭的孩子就学会了飞；有的家庭生活在树林里，这个家的孩子就学会了爬树……

如果你还需要具体一些的话，我们就假设一下夏一梦的成长环境。假设她生活在一个父母出现很多争吵的家庭里，妈妈比较强悍，而爸爸则比较软弱，但是软弱的爸爸有一个致命的武器，那就是他可以随时出轨，以此作为杀手锏，彻底让强横的妈妈崩溃。

当妈妈崩溃的时候，爸爸不用在场，但是孩子跑不掉，遭殃的是她，于是她从小就非常期待爸爸能回来，因为爸爸回来以后妈妈的情绪就会好一些，无形中爸爸成了她的大救星。更何况，一个脾气温和的爸爸其实对一个饱经了情绪恶劣的妈妈伤害的孩子来说，是多么的重要。

这几乎是一种条件反射，如果每次爸爸回来，这个女孩都能感到快乐的话，那么这个回家的男人（有时爸爸可能是被女儿拉回家）对小女孩来说，就像是骨头对小狗一样充满诱惑力。

注意，这个男人非常可能会将他的脆弱、被妻子伤害的种种痛苦表达出来，甚至他在家里的唯一支撑点就是这个女儿，也就是说，这个女儿通过帮助乃至抚慰爸爸获得了她在这个家的价值感以及爸爸的感谢。如果这个孩子感到幸福的话，那么在她的幼小心灵里，这就会变得非常重要，重要到她会将爱与一个被妻子伤害的有些疲惫和痛苦的男人联系在一起。

于是一个咒语可能就会由此产生了：爱等于拉一个离家出走的男人回来。

如果一个人的家庭从小就没有经历过相敬如宾，虽然这个孩子很想让自己的婚姻也相敬如宾，那么他长大了，请问谁能教会他与爱人相敬如宾？就像让一个从未学过中文的美国人不用学习就讲中文一样荒谬。

一个人如果对网恋还存在很大偏见，一种可能是因为他不太了解网络，可能是比较保守的老人，但夏一梦不老，她却坚守着如此保守的观念，说明这种坚守对她有意义。比如，她的保守会和安全感有关系，也许还会和道德感有关系，因为那个伤心欲绝的妈妈可能会给孩子灌输大量的道德观念，而夏一梦可能会非常忠于妈妈的教诲，因为她可能想用一辈子的努力来避免成为妈妈的翻版。

从夏一梦一次次出入高风险感情就可以看出，其实她在玩的是一个她熟悉的游戏，她习惯三个人的游戏，因为从根本上来说，夏一梦也许根本没有离开她的原生家庭，而只是将原生家庭的剧本试图照搬到自己的生活中而已。

现在当她的男友和她已经变成两人游戏的时候，夏一梦反而感到陌生和恐惧，因为她已经进入了一个陌生的领域，她从小到大的游戏都是非常复杂的，纵横捭阖的，但是现在这样单纯的关系，反而让她无所适从。

她如此坚持一个老游戏，试图将现在和未来都过成过去，也许是因为她内心里一直有一些话没有跟那时的爸爸说。

如果她那时成为脆弱的爸爸的避风港的话，那么她就被迫要丧失掉一些作为小孩子的权利，比如在爸爸怀里撒娇，以及得到爸爸的照顾和爱。

所以对夏一梦这样的女孩来说，她们的爱情是打着拯救者和被拯救的印记的，她很难对一个简单的爱情感兴趣，而对一种复杂的充满玄机的爱情感兴趣。

你看到夏一梦对别人爱她会心存怀疑，这是很正常的，因为一个从小很少有被爱经历，而只有爱别人经历的人，当获得其他人的爱的时候，她会常常觉得不“真实”，因为她所谓的“真实”就是痛苦和等待。等真爱来了以后，她反而不敢相信了。

这个不敢相信就是夏一梦的第二个咒语：我不配。如果一个人觉得自己没有这个身价，那么无论别人给他什么，他都不愿意享受也不愿意接受，因为他已经把自己贱卖了。

一个别着“我不值得爱”的徽章的人，为什么会紧抱着这个徽章不放？因为对一个小孩来说，生存最重要，为了生存自己是可以抹杀的。如果一个小孩从小很少感到被爱，那么他必须要做一个选择：一个是爸爸妈妈没有能力爱我；一个是我不配。这两个选择都是非常残酷的，但是明显第二个似乎更让人好过一些，因为如果爸爸妈妈没有问题，那么也就意味着他的生存是有保障的，而如果是第一个选择，那么他的生活就会出现危机了。

带着这个咒语长大的人，一遇到幸福就会觉得烫手放开。因为他还像一个小孩一样效忠自己的父母。但是当我们长大成人以后，我们有机会再做一次选择，那就是尝试着完成接受爱的旅程，这个过程不会太愉快，因为改变真的不是一件容易的事。

关于改变的问题，我想说一个笑话，多少有些粗俗，请见谅：一个仁兄背着一缸泔水，一个仁兄挑着一担大粪，两人在独木桥上狭路相逢，两人谁都不肯让，宁可顶着恶臭，也要等对方先让步。夏一梦不知道事情的结局。因为她已经明确告诉自己，夏一梦不想改变，也意识到改变不了，那她的唯一答案是戴上消毒面具，夏一梦们就天长地久地站下去，直到其中一人昏倒吧。

卢悦解“毒”

我们寻找爱情，往往就是想要寻找为我们解开咒语的人。

爱等于拉一个离家出走的男人回来。

第二章

火眼金睛，识破男人心

LOVE

NO.2

善于谈恋爱的男人只是“一半好”的男人，不能说是“全好”，因为他的“另一半坏”会在婚后暴露出来。恋爱中的男人真的很殷勤，因为他懂女人心，却喜欢掩藏自己的心，所以他会倾向于博爱，用海誓山盟和甜言蜜语，试图以“量”取“质”。在不知庐山真面目下，爱上这样非常善于谈恋爱的男人，对女生来说往往是一种“严峻”的考验，她们往往进退维谷，不知这样的“好男人”是否真的好，大部分女生就匆匆上钩了。

男友身边总少不了暧昧的人

——当把男友变成囚徒时，自己早已成为囚徒

爱上王子，是很多女性在情感中的终极梦想。因为女性更感性一些，都喜欢梦里的东西，现实版的王子总是令她们魂牵梦萦。所谓“王子”就是不仅帅气，而且还有修养，各方面的条件都非常优越的男人，尤其是多金一族。这样的人，走到哪里都是吸引女孩的，钻石王老五就不用说了。然而，万事都有两面，当你拥有一份梦幻般感情之后，你就会发现“明亮月亮的背面”。既然他是一个万人迷的“王子”或有派的“型男”，尤其是家庭条件又优越，那么，从小到大，他的身边簇拥着很多花枝招展的美人儿，你会发现，浪漫总是万分欣喜的，幸福总是短暂的，烦恼则会接踵而至……

可可欣最近心情非常压抑，她忽然发现自己站在了情感的十字街头，她中了情花之“毒”，真的很难选择。要知道，他们是众人眼里的“铁鸳鸯”，她从初中就开始暗恋男友，两人开始恋情有6年之久了，最终收获了大学时代的4年携手，用情之深，可见一斑。

可可欣毕业后，找了一份比较体面但收入不多的工作。

她的男友，早她两届在读研究生，家里条件好，又帅气，的确可称得上王子。此前，她的男友对她是一心无二，才让她如此掏心掏肺地相伴，所以才有了他们那么长的爱情。因为学习成绩优异，男友作为交流生，出国学习半年，可可欣在男友出国后，朝思暮想，茶饭不思，非常担心男友，几乎酿成一场大病，可谓是望穿秋水，对他的爱也随着思念成倍增加。可是男友回国后，却像变了一个人，对她的感情变淡，越来越少回到身边，甚至是找借口回避她。

不久，可可欣的担心来了，男友想提出分手，又觉得对不住她。此时可可欣才发现他和一个比她还大的国外网友有着暧昧的关系，甚至是精神上的恋爱关系。可可欣听闻后，如五雷轰顶，非常难过，甚至有轻生的念头，好像整个世界都要塌下来。男友也说还很爱她，但又不想伤害她，只是觉得真的很难，他是一心想去国外生活。可可欣还想为他们的感情再做努力，为了挽回这段感情，打动男友留下来，她真的很有诚意。她甚至提出和他一起出国，去陪读，有机会就继续深造，因为她不能完全放心男友，就是想看住他。

男友还是同意她一起出国。可是后面的日子，可可欣痛苦地发现，男友似乎又与其他女人有着这样那样的关系，每每逼问，他只说是学习和朋友上的来往，什么事都没有。尽管男友不承认，可是她从男友的眼神里看得出来，那迷离的眼神骗不了她。可可欣很后悔，也很难过，觉得放弃自己的一切来这儿，不值得，但她又不甘心失去他，毕竟是六年多的感情啊。

而男友觉得自己很优秀，也很有魅力，有很多人给他带来新鲜自由的感觉。他现在越来越发觉，自己有这个自由，没有人可以束缚他，也没有人可以指责他，除了自己内心的那点良心。对于可可欣，他只是不忍，毕竟他们大学四年有过轰轰烈烈的爱，那时也海誓山盟过。但那只是过去，每个人都在变化，现在可可欣放弃自己的工作，一心追到国外，是没有出息的。但他不点破，也不收手，还是我行我素。

这伤透了可可欣的心，为了这份摇摇欲坠的爱情，她勇敢出国，本以为在男友身边，可以收住男友的心，可是现在她真的不知如何是好了。

这场爱情，好像是靠她一个人去支撑，她已经精疲力竭，可是她很怕失去他，看来真是走到尽头了。

对可可欣而言，她正处于十字路口，一边充满着对这份感情的珍重，一边感觉着挫败感和一身的伤痛，这一年来过得真辛苦，真累。很明显，可可欣遭遇了人生中从未有过的困惑和忧郁，她的人生观甚至都好像因此而倒塌。看着男友开朗、任性、一脸无奈的表情，可可欣有时想选择放弃，给他自由。在朋友的点化下，她也想，是不是她真的像男友所说的那样不成熟，不理智，像个脱不掉尾巴的蝌蚪……

可可欣知道，男友对她很重要，甚至“改变了她的人生计划”，可是不知道为什么他们之间的关系变成了“笼子和小鸟”的关系。是什么把他们的关系变成了牢笼和牵绊的关系？是什么让他们的关系变得脆弱、风雨飘摇？如果不真正明白原因，就无法对症下药，也打不开可可欣的心结。客观地说，可可欣就是那只笼子，有时她也想“给他自由”，但她却不知道给自己一个自由，因为她被套在一个更大的心灵笼子里。

现在看起来，似乎一切都发生在可可欣男友出国后，男友变了。出国这件事，让她越发依赖对他的感情，因为女人是为情而生的感情动物；而男友却似乎走出去后，从中得到成长，开始要求独立和追求自由。她为他做出“巨大牺牲”——放弃自己的工作，为他陪读，为他做家务。她原以为，自己做了这么大牺牲，男友也会因此背上情感的债务，从而就“一心归命”。可是她错了，这些在男友眼里微不足道，在男友的观念中，做这些是她自愿，不是他强求的。

这类故事在现实中太多了，越是天平倾向一边的感情，越是危险。很显然，一边是女性越来越依赖男人的感情，而男人越来越独立，越来越不领情；她越来越委曲求全，他则越来越横加指责；她越来越“幼稚”，他越来越“成熟”；她越来越怀疑，他越来越想“自由”……他们之间的关系变成了这种走势，结果几乎是一样的，那就是，男人要踢掉她（当然，换过来的情况也不少，那要看谁处在强势方）。

当她把男友变成“囚徒”时，她也早已成为囚徒。当可可欣不相信他，把他看管起来，也就是置于笼中时，他们的感情其实已经到了尾声。因为此后将是狱卒和囚徒的关系，而非真正的亲密关系。她的焦虑在于，在失去控制时，越想控制，最终越会失去他。

当初，男友回国后，是什么让可可欣那么确定只凭他的眼神就能知道他变了心？他们的情感之所以纠结是因为他们失去了心和心的联结，只能靠猜测和指责，只能靠恐惧的想象来琢磨对方，男友对她有什么样的需求，她对男友的需求又如何满足，他们都没有搞清楚。既然他们没有断然分开，还决定在一起，并一起出国，他们有没有真正探讨过面临的困境？

如果他们无法真正面对沟通渠道的堵塞，那么爱一定会蒙尘乃至消逝。我想说，爱是流动的，是互动的，如果爱只靠猜测，只靠眼神，或者福尔摩斯，那只能说这是一种悲哀。现在有一个美剧叫《别跟她撒谎》，说的就是一个心理学家可以靠眼神和动作判断他人是否说谎，其效果大过测谎仪，可是如果这技术用到了亲密关系和感情中，是不是太可悲了？

如果可可欣真的想保护自己的感情，重点不是将男友据为己有，置于笼中，因为失去自由和信任的爱，终究敌不过外界的吸引。我想，一味依赖于男人，尤其对方是王子或潜力股时，更不能丧失自己，委身于他人。其实可可欣这么无法离开他，以及产生如此强烈的恐惧，正说明：这股力量有一部分并非完全指向男友，它似乎来自她的过去，在她的过去，是否也曾有这样分离的时刻和占有的欲望？只有搞清这些问题，可可欣才能真正让自己从恐惧的牢笼里走出来，才能给自己自由。

卢悦解“毒”

不囚禁他人，也不因为他人而成为“爱情囚徒”。

明白自己的内心需要，学会放手，才能走出恐惧的牢笼。

面对“博爱”的男友，没了底线

——情感出问题，缘于内在的免疫系统不够强大

有一个女孩曾这样绝望地跟我说：这个世界上好男人都到哪里去了？不是结婚了，就是三心二意的，好男人真是绝种了。我想，恐怕她说中了一个社会现象，那就是所谓的“好男人”，恐怕也是众多女人“疯抢”的对象。可是，世人对“好男人”的认识本身就是极端的、片面的，期望越高，可能受打击就越大。我想，这种“好”，除却所谓的“外在条件”之外，还需要强大的“内在条件”，比如这个男生比较“善解人意”，或者说，比较懂女人心，既不花心，又体贴入微，让女人心满意足，而不仅仅是人见人爱。

善于谈恋爱的男人只是“一半好”的男人，不能说是“全好”，因为他的“另一半坏”会在婚后暴露出来。恋爱中的男人真的很殷勤，因为他懂女人心，却喜欢掩藏自己的心，所以他会倾向于博爱，用海誓山盟和甜言蜜语，试图以“量”取“质”。于是过程总是“乱花渐欲迷人眼”（标准无法恒定，什么方法好使就使什么），“浅草才能没马蹄”（浅尝辄止，无法在一段感情中得到深入的层次，而只能享用部分的“露水之欢”），最后的结果就是“最爱湖东行不足”（普遍来说，目标不定是男人的最爱）。

在不知庐山真面目的情况下，爱上这样非常善于谈恋爱的男人，对女生来说往往是一种“严峻”的考验，她们往往进退维谷，不知这样的“好男人”是否真的好，大部分女生就匆匆上钩了。

兰在几年前就认识了男友，虽然在热恋期间也会吵架，但依然不会吵掉他们的幸福，因为他们彼此像脱不开的胶。一年后，男友开玩笑似的告诉她，和一个网友聊得来，关系很好。刚开始，兰没有阻止他们联系，因为她“有爱无恐”，沉醉在爱河里。后来有一次朋友聚会，男友当着大家的面，说给一个网友送围巾了，兰以为他说着玩呢，没多在意，但心里有点不太舒服。直到不久后，她“偶然”进他邮箱，看到男友给那个女孩写的信，问她围巾有没有收到，喜欢不喜欢，她才知道这是真的，才感觉到危机。

要知道，他们在一起两年了，男友从来没有给她送过围巾。她真的坐不住了，于是就跟男友闹，让他和网友断绝关系。男友开始很生气，说她无理取闹，他想给谁送就给谁送，而且干脆跟她提出了分手。

但在分手后一个星期，男友找到兰，请她原谅自己，并答应以后不跟那个网友联系。兰原谅了他。可是好景不长，她很快发现男友还和女网友藕断丝连，只是他把那个女孩的手机号和QQ的名字也改了，甚至还和另外几个女孩的关系很近。她知道后非常愤怒，又大闹一场，于是一切又重演一次，然后再发现他还和那个女孩有联系，他甚至学会了打游击，经常和别的女孩出去吃饭。

经过N次反复的“欺骗”行为，他们终于“认真”地分了一次手，这次持续时间长，有一个多月，男友请她原谅，她也没有硬拒绝，所以还是复合了。虽然如此，但兰的心里已经留下了阴影，她很难像过去那么相信他说的话了。

慢慢地，这事过去了，她也试着除掉心里的阴影，而且也快成功了，也开始恢复对他的信任了。以前，她觉得自己是在管着他，他们吵架除了他的屡屡“出轨”外，就是因为他不堪忍受她的“管教”。可是现在男友却否定她管教的“贡献”，不希望她像老妈子一样，她为此很伤心。

接着她再次在男友QQ聊天记录中发现一个女孩给他写的一篇文章，说跟他聊天很开心，很高兴有这个朋友，他给她带去了很多快乐之类的话……

兰看了之后很难受，就偷偷把那个女网友删了，可是后来男友自己又加上了，而且聊得非常频繁。看到他们情意绵绵的聊天记录，兰感到刺心，于是一场战争再次爆发，他当着朋友的面，信誓旦旦表示不再发生这样的事情。

可一个月后，一切又故态复萌……她真的害怕了，经历了一次次的欺骗，她发现自己跟一个没有任何诚信可言的男人在一起，真的很伤心。男友平时答应她的事情说违背就违背，不管大事还是小事，不管什么原因，只要他觉得对的就做，从来不管她怎么想。

之前在学校时，男友还喜欢跟她说他跟哪个哪个女生以前关系有多好，甚至有女生失恋了，晚上九点多打电话非要让他过去，他也想做“护花使者”，还不止一个女生。当然，她是极力反对的，第二天，他找了个借口就去看那个女生了……

为了防止她发飙，男友禁止她看他手机，QQ 密码也不让她知道。她一直耿耿于怀，没什么秘密为什么不敢大大方方让她看他手机呢？他越是这样她就越想看，于是矛盾越来越多。一方面，兰觉得很委屈，因为她只是在实在无法容忍的情况下，才会警告他不要“玩过界”，她反对的都是那些影响了他们生活的“外来者”，至于那些和他有暧昧的女生，那简直是数不胜数。另一方面，他觉得她让他失去了太多的朋友，她心胸太狭窄，不信任人。在分手前，兰的内心很纠结，很害怕失去他，害怕他跟别的女生太好而像以前那样不理她。她知道自己喜欢他，又害怕失去他，所以变得敏感多疑，变得心胸狭窄。可是她不明白为什么会成为现在这个样子。

这又是一个“囚徒之爱”的故事，只是又有些不同：一个敏感多疑、犹豫不决的女孩爱上了一个“博爱”的男友，彼此分不开又不信任。这种故事，相同的事情总是一次次发生，一直到情感终结，才算告一段落。

让人好奇的是，一个对安全感很重视的女人是如何和一个很喜欢四处寻求红颜知己的男人纠结在一起的？他们的关系结构是对称的：兰倾向单一关系，而男友热衷拥有多个红颜知己；兰不断侦查，男友不断反侦查；兰不断试图逼近他的空间，挑破他的秘密，而男友不断试图逃离、躲避；兰不断向“管制”化的女性发展，而男友不断到外面寻找自由；兰变得越来越多疑敏感，又软弱不能决断，而男友变得越来越疏离冷漠，自行其是……他们的关系非常经典，是典型的追与逃的对称关系。

当我们面临危险的时候，就不冷静，往往想到的是外部控制，所谓“兵来将挡，水来土掩”，其实都是应急之法，而内心缺乏一个应急系统和缓冲机制。就像一个很有意思的故事：一个母亲想让孩子过上健康洁净的生活，于是彻底清洁家庭环境，在家给孩子喝蒸馏水，出去随身携带消毒水，过于干净的环境，却让孩子的身体免疫力远远低于正常孩子。

这个不一定很确切的例子与兰的故事有相似之处：兰倾向于用控制和限制的方式建立安全感，但这最终让他们的情感免疫力下降，最终以分手和彼此伤害告终。很多恋人，都倾向于用控制他人生活的方式，来控制自己的安全感，而这种约束最终导致他们恋情的破灭，除非一个甘当“牛”被拴住。这种控制术，在男人叫“厚黑学”，在女人叫“驭夫术”，当一方力图控制环境的时候，另一方的免疫力就会被这种控制的努力所败坏。

如果把兰发现了“围巾事件”当成情感打喷嚏了，那么我们首先要做的是查清病灶——是什么让他把关怀送给了其他女人，而不是你？在那个女人身上，他究竟得到了什么你无法给他的东西？其次是修补关系，告诉他你听到这件事的感受，你受到了伤害；并倾听他的感受和体会，亡羊补牢。

但问题在于在那一刻，我们往往怒火中烧，情绪失控，无法用平常心处理迫在眉睫的危机。旁观者也许会有这样的观点，但身在局中，就往往不能自控了，所以我们也能理解兰的处境。

这个世界上，其实最重要的就是 EQ 这个宝贝，情商决定一个人的幸福度，如果我们处于情感弱智的状态，那么我们就会被情绪控制，在最需要正确决定的时候，往往做出最不利于我们的决定，然后恶性循环。如果说智商是天生的，那么情商则是一种流动的状态，也就是说，我们可以通过学习和努力提高自己的情绪管理能力。

正确的管理自己的情绪，可以使我们少受伤害。比如：我们在感到伤害的时候，尝试着去表达自己受到了伤害，而不是急于试图将男友的生活控制在自己手中；我们要对情感危机的原因更好奇，寻查病因，而不是对那一个个看不到的女人更好奇；我们应能发现并控制自己的情绪状态，而不是让它控制你的生活；要让温暖成为信任中一种流动的动态，是彼此贴心的温暖，而非一种坐吃山空的旧关系，因为旧的恋爱关系不是铁的，随时可能断档；我们相信情感的维系取决于彼此需要的满足，而非外来的和尚会念经，人云亦云……

试图布下天罗地网将所爱的男人控制住，在这个时代是不可能的。对情感健康最大的威胁不是外来的细菌，而是我们内在的免疫系统不够强大。我们的情感是有免疫力的，当真正的危险来临，你就该知道怎么去做，这其实是一个情商修炼的过程。

如果承认情感也是人际关系中一个游戏的话（也许是最复杂的），那么我们就会明白，任何游戏都是需要“规则”的。在兰的情感关系中，没有任何“规则”可言，她的禁忌和边界，可以一再被“践踏”，所以男友更加肆无忌惮。有意思的是，如果在社会上的人际关系中，很多人对不讲信义的人，往往会避之唯恐不及，然而在两性亲密关系中却对其趋之若鹜，这是为什么？因为兰有“短”被抓着。什么“短”？那就是恐惧，这个恐惧如此强大，可以让人牺牲底线，一再退让，任对方横行。

那么为什么我们可以在工作中做到坚守底线，在亲密关系中却没有原则可言？也许因为我们以前在原生家庭的“无边界”状态中浸泡的时间太长了，我们从过去的生活和经历中学会了在“亲密关系”中不要让自己有边界。所以很多从小被父母管得非常严的小孩子，往往会在长大以后也学会了非常强大的和别人“融合”的能力，这种融合能力会让别人觉得你很温暖，但是代价却是你成了一个“鞠躬尽瘁，死而后已”的人，你没有了排斥别人的能力，也就不能保护你自己不受伤害了。

恋爱本身就是一场锻炼和洗礼，多谈几次恋爱，人就会变得更加成熟起来。对于那些谨小慎微、有点自闭的女性来说，学会如何和别人保持一致，还需要迈出重要的一步，这步非常艰难但却非常重要，那就是建立你自己的第一道围墙——坚持自己的底线。

卢悦解“毒”

情商决定一个人的幸福度，当人处于情感弱智的状态，情商能让我们及时调整回来，做出符合人性的决定。

把男友当“橡皮擦”和“备选股”

——爱就是爱，不爱就是不爱，没有替代品

有个女朋友说，在她心中，爱很像是森林里的一个女巫，她是一个带有魔性的“圣诞老人”。不错，她的确会分发给我们爱情，我们几乎见者有份，但是她要比“圣诞老人”更认真一些——不会发了礼物就完事，而是要看看你是否真正尊重她送给你的礼物。如果发现你不尊重，她就要代表“月光”惩罚你，比如罚你到韩剧的情节里受受苦，熬熬痛，让你在爱恨情仇里煎煮烹炸一番，最后才能“成熟”，这样你才不会挥霍手中的爱的礼物，而是珍惜和珍重它：你对爱不尊重，那么爱也对你不尊重。

在和朋友交流中，我经常听到一个爱的理由，那就是：我爱上他是因为我想忘记过去。好像爱可以成为一个橡皮擦，我们可以用一个爱来置换另一个爱。我们赋予爱那么大的期望，但它不是偿还情债的亏空的，它更不能执行爱的橡皮擦的功能，因为它们从根本上就是两码事，或者说不是同一种溶液，犹如油和水的区别。

在用“此爱”替代“彼爱”的人的心中，爱不是爱，爱是一个人的胳膊或者大腿，他们渴望的是让别人帮助自己从痛苦中走出来。或者从另一个层面说，他们已经否定了自己可以解决问题，而是像“寄生虫”一样寻求宿主，这个比喻可能太可怕了一些，不如换个温柔一些的：他们像婴儿一样，有奶就是娘。

凌末就是一个典型的例子，她之所以接受男友，就是为了忘记过去，但是刚刚经受感情创伤的她（上一段感情失败），对热烈追求她的男友感到有些害怕，她害怕的是失去，所以总是很小心。她虽然已经是他的女友，但让他到另一个城市工作，也许这个距离可以让男友对她的爱降降温，那时她在竞争一个工作岗位，很忙乱，对他关心也少了。

但凌末万万没有想到，就在她焦头烂额为工作而战的时候，为情感发狂的男友迅速降温了，他移情别恋，认识了另一个女孩。那个女孩实打实地爱上了凌末的男友，为此不惜和原来的男友分手。男友回老家过年十二天，没发来一个短信或打电话，而凌末反而越来越想男友了。她给男友打电话，他没接，给他发短信，他也没回，她完全蒙了，男友到底在想些什么？她明明觉得男友对她还是情深意重的，可是为什么转眼就好像从人间蒸发，对她不理不睬呢？

两个多月后，凌末竞争到了工作的岗位，却发现物是人非，得到职位失去爱情，男友已经陷入另一场爱情，全然不顾她了。凌末让男友做选择，男友说现在脑子好乱，冷静几天再选择，在后来的日子里，男友抱怨她，为什么在他那么爱她的时候不珍惜他的热情。

男友跟凌末交代了心里话：她到底什么时候能从上一段

感情的阴影中走出来？凌末让他感觉很自卑，在她面前他觉得自己像个小孩；可他跟那个女孩交往却找到了自我，觉得自己才像个男人。虽然离开很优秀的凌末，他可能会后悔，但他宁愿后悔。

恨是爱的反面，攻击是取悦的反面，退是进的反面，而惩罚是奖赏的反面。这都是大废话，可是我们明明知道这些尽人皆知的大实话，却做着和这些大实话相反的事情。

真正在爱中的人，是不嫌爱得太热的，他们唯一担心的是爱得不够热。你看夏天大街上的情侣们，两个人虽然一身臭汗，可是还是愿意腻在一起，恨不能把我安到你的身体里，把你安到我的身体里，正如元代管道升的《我侬词》：

你侬我侬，忒煞情多。
情多处，热似火。
把一块泥，捻一个你，塑一个我。
将咱两个一齐打破，
用水调和；
再捻一个你，再塑一个我。
我泥中有你，你泥中有我；
我与你生同一个衾，死同一个椁。

这是爱情的酣畅淋漓处的感觉，也许只有爱才能有如此强烈的程度。但是凌末却做出了一个与这种境界很不同的举动，居然在和男友确定了关系以后，把他“发配”到另一个城市，原因是想要集中精力在她的事业上。也许在这后面的潜台词就是：你碍我事了。

其实按理说，在她苦苦支撑的时候，爱情应为她起到一种后援队的作用，而不是一个障碍。但你看看凌末的态度就知道她对这份感情到底是一种什么感觉了。这份感情与其说感情，不如说是一种准感情，或者说勉强的感情，或者说疑似感情——其实不是感情。

那么这是一种什么样的关系呢？也许她要的是所有感情的外在包装，比如一个男人的嘘寒问暖，一个男人的拜倒石榴裙，一个男人的宠爱带给她的存在感和安全感，让她感觉不是孤单地面对伤口。她也许只是要一个陪伴者，或者一个象征的陪伴者——事实上，她连男友陪伴都无法忍受，干脆把他打发得远远的，免得扰乱她的心情。

那么这个徒有其表的爱情如果只是一个爱的包装纸的话，它包装的是什么？也许只是她的上一段感情的故事。

也就是说，她接受男友的爱不是没有诉求的，没有人会真的做一笔赔本的生意，她之所以接受男友的求爱，不是做慈善，她希望这个男友的热情可以帮她忘记过去，但可惜后来发现，这个男友非但不能让她忘怀，反而让她更加烦乱。

也许她自己都能感觉到，这样的爱并不纯粹，甚至不真实，男友只是橡皮擦，她试图用他作跳板，将过去抛在脑后。

那么，是什么样的过去让她这么急于忘记？这已经不重要了，重要的是，它一定让她非常痛苦，以至于将现在这个男友作为替代品，玩一场虚鸾假凤的游戏。

也许这就是对爱的一种不“尊重”，她的不尊重体现在，把一段没有多少动力的感情当感情，虽然承诺了对方，却没有真正进入关系。

凌末对男友的态度就是希望他是一个物品，比如说保温瓶，冷的时候焐一焐，烦的时候扔到一边去。这是爱吗？只是自欺吧。

也许凌末希望身边有个人，他能让自己不会太冷，让她知道自己不是孤零零一个人就够了，这样她就不是被抛弃的人了！

有些在情感中受伤的女人，会用一个热烈求爱的男人证明自己不是没有人要的，可惜这很难真正弥补她内心的那个洞，无论多少人要她，她其实希望填补的那块拼图，还是离她而去了。

这是一种徒劳的证明，还是一种自欺。一段情感成为另一段情感的证明的时候，那么被用来证明的情感，已经成为工具，而不再是真正的真实的情感了。

如果你的心是冷的，那么别人的热度就会烫坏你，所以当男友爱她的时候，她会觉得热烈，宁可让他走得远远的。当她工作忙的时候她非但不寻求他的安慰——也许她不是没有需要，而是她的需要指向的其实依然是她的上一段感情，所以现在的这个男友反而是个障碍物了。甚至也许她可能在潜意识中给上一段感情的主人公一个空间，让他可以回来，而不会因为她身边的男人而放弃复合的念头。

无论怎么猜想，也许我们能确定的就是他们的关系离真实的爱情似乎有一段距离。

凌末的悖论在于，她和他有距离也许因为她本身没有准备好进入一段真实的感情，而她越想用他擦掉过去，过去就越明显。道具不会让她忘记过去，他承担不了她忘记过去的功能，因为那个记忆是在她的头脑里，而不是在他的头脑里。

这就是命运的诡谲处，很奇怪的是，我们越想忘记的东西，越忘不了。因为你想忘记的东西给你的刺激太大了，能忘记说明它对你并不真的重要，你竭力想忘记的一定是对你很重要的东西，所以你总在南辕北辙。

就像是我们失眠一样，我们不会知道我们什么时候睡着的，因为我们已经睡着了，如果我们老是想知道我们什么时候睡着，那么我们就很难睡着。而我们如果为忘记一个事情花费很大的力气，那么说明其实我们在加强它，而不是削弱它，因为记忆是因为能量的注入而强大的。

现在做一个实验：

你不想要蓝色。

你现在头脑里有什么？

蓝色！

为什么？

因为如果你不去想蓝色就首先要在脑子里创建一个蓝色，然后你再消灭它是不行的。我们的大脑只会接受具体的内容，而附着其上的不能是否定性的词语。

如果你发现老是忘不了一件事说明你根本不想忘，因为这件事对你太重要了，如果这件事的重要性没有消失，放心吧，你会永远记住它的。

现在的问题是，即使是橡皮擦，也有自己的路要走。一般来说，感情中有一种“闭门羹效应”，说的就是当追求者遭到冷遇的时候，他们往往会激发出更多的潜力和“小宇宙”来追逐所爱，有诗为证：

> 关关雎鸠，在河之洲。窈窕淑女，君子好逑。参差荇菜，左右流之。窈窕淑女，寤寐求之。求之不得，寤寐思服。悠哉悠哉，辗转反侧。

《诗经》第一篇就告诉我们爱情的真谛在于求不得。求不得造就伟大的爱情，注意是“伟大”而非“幸福”，幸福的往往是平凡的，而伟大的，往往是悲剧的，具有强烈审美价值的。

而《诗经》里的君子之所以如此“寤寐思服”，乃至于辗转反侧，就是因为“求之不得”。

按照这个原理，凌末的冷若冰霜，其实是能激发出她的橡皮擦男友的万丈豪情的，所以也不能怪橡皮擦同志太热情，那与凌末太冰冷也有关系吧。

但是万事万物都有一个度，所谓“过犹不及”，即使是伟大也有衰减的一天。按道理说，越激烈，越容易衰减，因为人的能量都是有限的，拖个一年半载，那激情早就烧没了。

橡皮擦男友也很不容易，他受到太多的挫折，没有了自我，然后他在一段真实的感情中找到了自己。“橡皮擦”说了很多话，其实就是一个找到自己的人的宣言：即使回到凌末的身边，他要的也是真实感情，要求得到人的待遇，而非招之即来挥之即去的替代品。

有趣的事情发生了，当“橡皮擦”掉头而去的时候，凌末反而一反冰山美人的形象，倒开始对“橡皮擦”感兴趣了。

这就引发了爱情的第二定律：“磁力效应”，男女之间就像是正负磁极，当一方追求另一方的时候，如果一味追求，则另一方往往好像有斥力；而当追求方转身而去的时候，习惯了被追逐的被爱者，往往会有一种被“闪”的感觉，反而会转变为“追逐者”。

往往男人在感情之初扮演“追逐者”，而在感情中后期扮演“疏离者”，女人则正好相反。其实爱就像是探戈舞，要点不在于最后那一下的倒身扬腿，而在于忽远忽近的距离变幻之美。“追逐者”和“疏离者”经常易位，一段感情才能真正有足够的张力发展下去，否则，就会失去足够的弹性，而成为单调乏味的关系。但是现在他们在曲终人散的时候才实现彼此的角色转换，不得不说，这么做成本太大，伤害已经铸成，要想改变，恐怕要花很大力气。

更何况，像凌末这样的女人，她要面对的是再一次抛弃，再一次丧失。他是她的后备军，她输掉了后备军，就意味着自己又要带着新的伤口面对旧的伤口了。这是第二次打击，来自一个她并不真正爱的人，一个她觉得非常安全的人，一个她觉得可以控制在手心，绝不会背叛她的人，是这个让她恐慌。扪心自问，她真的爱他吗?

如果没有真的爱，而进入一段感情，那就是对感情不尊重，那么感情也不会真的尊重你，因为感情这个东西是有风险的，但往往我们过度避免风险的行为其实才是最冒险的行为。

比如对一个没有消化过去创伤的女人来说，她最重要的事情就是养伤，而不是马上投入下一段关系。草率进入赛场的结果，就是勉强而不真心诚意地进入关系，进入到并不是你情我愿的关系中；结果在自我保护能力最低谷的时候再遇创伤。

爱情没有备胎，也没有替补，更假装不来，如果你对感情没有敬畏，对自己的爱没有足够的尊重，那么最终受苦的还是自己。谁都明白长痛不如短痛，可是很多人选择的恰恰是长痛。

对凌末这样的人来说，她一定想尽快从痛苦中走出来，然而因为太怕痛，或者说不愿意承认已经丧失，于是坐失脱困良机，也许是时候终结和了断过去的情缘了。凌末最需要做的是，和过去的情感告别，给过去的感情开一个追悼会，黛玉葬花，宝玉烧诔，都是对往日情感的一种祭奠。只有你放手了，过去才能成为过去，否则它一直会影响着你，你就永远活在那该死的过去。

也许最需要做的就是痛定思痛，去总结和发现过去情感的得失，而不再次重蹈覆辙。你最需要知道的是，你的心也许在此时无法承受一场爱情，如果当别人爱你的时候，你觉得恐慌，当别人远离你时你觉得害怕，那么说明你还没有准备好迎接新的挑战。每一次感情都是一场极限运动，没有足够的准备，是要命的。此时的人最渴望温暖，但又害怕温暖，爱是天使又是魔鬼，你此时最需要的是朋友，而不是爱情。

一个不知道如何处理亲密关系的人，往往就会不知情感的深浅，或者过度自保，或者过度冒险。

如果一个孩子从小生活在一个喜怒无常的家庭里，他很可能就会有这种复杂的焦虑的心情。他不知道下一刻自己的父母会做什么。人们都知道那个著名的条件反射实验的研究者巴甫洛夫，他曾经制造过精神病狗，做法如下：他对笼子里的狗不定时地予以电击和喂肉，与电击和喂肉同时出现的还有刺耳的铃声，于是某天当铃声出现的时候，狗疯了。

人比狗聪明一些，于是有了一个策略，那就是当他不知道父母下一刻是皮鞭还是吻的话，那就要采取预防行为，当父母对自己亲近的时候，不要完全接受，收着一点儿接受，免得下一刻父母伤害自己更难过。这就像黛玉的理论，与其散的时候难过，不如就干脆不聚。当父母对自己疏离的时候，要赶紧追着一点儿，免得父母对自己更差。

但和那条被不人道对待的狗一样，这样的孩子是生活在恐惧中的，对他而言，爱随时会被剥夺，他宁可和爱保持距离，但同时因为没有完全死心，他又对爱充满欲望。

这样的人怎么办？需要一个有足够忍耐力的人，容忍他这样又推又拉，欲迎还拒，起码要有好几个回合，当他对这份爱有足够的信心时，他的第一份安全的爱就这样出现了。

但老实说，也许我们没有办法遇到这么完美和包容的环境，但我们需要增加的是我们的觉察，我们知道，什么在推动着我们做什么样的事，起码能最大程度地保护自己。

情感是一条修炼之路，要真正能打完“通关”，需要足够的耐心与足够的力量，我们需要的，是如何爱自己，而不是找一个人来爱我们；我们需要的是尊重爱，或者说尊重自己，而不是因为恐惧而践踏了一切，包括我们自己；我们需要直面很多我们不愿意面对的东西，而一旦我们面对这一切的时候，也许会发现，那么多可怕的东西，也许不过只是纸老虎，比如所谓的寂寞、恐惧和痛苦，大多都是自己吓自己的把戏罢了。

卢悦解“毒”

恨是爱的反面，攻击是取悦的反面。

爱情没有后备，也没有替补，爱就在当下的取舍。

常有理先生最不靠谱，却一再相信他

——脚踩两只船的男人，最擅长推责

来说说现在最热的恋爱主题：三角关系以及脚踩两只船的男人。为什么它是我们常谈的话题？因为一旦情感变成了竞赛，它就不再单纯是情感，而成了拔河、意志的较量或者其他什么，总之它不再是单纯的爱了，而成了控制和反控制的游戏。一旦成为游戏中的“猎物”，很多女人不管这个男人是个什么样的家伙，哪怕是饭桶，也要先抢回来再说，争的不是男人，是一口气。可是争这口气后面的代价是什么？也许只有身在其中的人才会有所体会……

一个叫做苗苗的女孩，就遇到了“三人行”，故事的主人公三人是老同学，两女一男。在校时都不曾联系，直到大学毕业后才联系上。故事是这样开始的，男同学追其中一个女生丽丽，可是同时他也在追苗苗。苗苗和男生在一个城市，丽丽在别的城市。

当时苗苗并不清楚他俩的关系，后来丽丽说男生在追自己，讨教方法。苗苗急眼了，就找到男生问真相，男生声言自己和丽丽是不可能的，说喜欢苗苗。苗苗选择了相信，他

们就又在一起了。苗苗以为男生说爱她就是真爱她，他会处理掉和那个丽丽的事，可是事实上，他一直在脚踏两只船。

要命的是，苗苗的这个情敌也是她的同学，且不知道苗苗和他的事情。苗苗也一直很犹豫就没告诉她，原因之一是相信这个男生。直到今年情人节，苗苗发现他俩居然是在一起过的，崩溃之余，苗苗让男生自己选择，男生选择和苗苗分手。原因很让苗苗震惊，那个女生为他怀孕过，他要对她负责！苗苗很气愤："既然你要对她负责，当初你们进行到流产的地步，为什么还要来招惹我？我算什么？"

他们分手了。就在分手后没有几天，男生就跑到丽丽的城市里同居去了。苗苗很受伤，自认倒霉，以为到此结束了。可是他到了那里后还给苗苗打电话，就像没事人一样和她联系。苗苗很痛苦，她真想问问男生，你到底想怎样？

最终，苗苗绷不住劲儿，就把真相原原本本地告诉了丽丽。丽丽非常受不了，最后演变成他俩打电话跟苗苗对质，丽丽骂她，男生也骂她。苗苗真是欲哭无泪，质问他为什么要骗她，为什么他们都走到这步了还要说爱她。男生发恨说："就是骗你的，你满意了吧？你说出了真相，打扰了我们两人现在平静的生活，这一切的痛苦都是你一个人造成的……"苗苗真是痛恨，世界上还有这么无耻的人，明明是他脚踏两只船，是三人痛苦的根源，却诬陷自己。丽丽也是被蒙蔽，骂她为什么知道他俩在一起后还继续谈情说爱，骂她为什么不早告诉她真相，为什么看她走到怀孕打胎这步。

苗苗换了手机号，删除了他们所有的联系方式，她想就这么结束吧，可是心很痛，也很委屈。她怎么知道他们到了那种地步呢？要是知道她怎么可能会继续和他交往呢？就算后来她和男生分手了，已经与别人同居的男生还恬不知耻地和她联系，这个男生到底想怎样呢？

苗苗知道自己有一部分错，自己优柔寡断，一直拿不定主意。可是这男生把责任都推到她身上，也太不负责了。

最后的结局是，苗苗带着一身伤痕离开这段三角关系，她忽然发现：无论恶人是谁，留下来的就是罪……

这是一个非常典型的三角恋情，很像是某本言情小说，或者《知音》杂志里比较常见的悲惨故事。从普通观众们的视角来看，似乎苗苗的确是这段三人行的受害者——她被骗了，却没有得到相应的补偿。大家也许会骂这个男的，情感的骗子和金融诈骗犯不一样，后者可以起诉，而前者却无法让对方“认罪服法”，苗苗的付出最后却只得到如此让人痛苦的回报，这的确让人内心很不平衡，很亏。

但也许有人会提出反面的证据，证明苗苗其实并不完全是受害者，因为知道男友和另一个女孩丽丽有瓜葛，而男友信誓旦旦说和丽丽已经结束时，她可以求证，但却没有这么做。为什么？

苗苗给出的解释是她相信这个男生，但她只是选择了相信他，因为我们都舍不得到手的好东西会失去，为了留住它，我们会选择性地相信一些事情，以使我们不会面对比较残酷的事情。尽管苗苗是善良的，她选择了不去面对另一种可能性，从而留下了隐患。我管这种情形叫做“掩耳盗铃”。

这么说似乎对苗苗有些不公平，对她有些求全责备，好像一个人被骗了，却质问被骗的人：你为什么不提高防范意识？

我们当然可以站在苗苗这一边，谴责情感骗子的种种恶劣行为，但我们也看到苗苗并不是一个无行为能力的人。当我们为这段复杂的情感“复盘”的时候，就会发现，苗苗必须为她的行为负责，因为她选择了继续这个游戏。即使她知道这个游戏已经开始出现伤害的可能，可是她还深陷于这个游戏，她对这个男生的愤怒，和对这个女生的嫉妒，都可以通过“捅破窗户纸”的行为而得以宣泄。同时她这个行为也是伤敌一千，自损八百，是一个两败俱伤的场面。也许从她的算盘来看，与其一个人吞咽苦果，不如大家一起痛苦，这样多少公平一些。

然而，虽然一切事情已过去，伤害对她来说却好像比以前更深了，更沉重地压在她的心头。一时的攻击，当然会带来瞬间的快感，但随之面对的是排山倒海的伤害性的语言和行为……

很多女人发现自己的恋人或伴侣移情别恋时，往往第一反应就是尽量避免，害怕失去。面对明明知道无可避免的事情，她们下不了决心，而一切终于到了“宣判”时，这种潜意识层面的默契无法进行下去了，痛苦就格外大。

所谓“物不平则鸣”，那个男生离开苗苗后，苗苗一肚子委屈无处宣泄，于是选择了继续和他们战斗，将真相告诉丽丽。其实这只是一种不甘，她不甘心就此被抛弃，成为受害者，她要向对方讨回公道，将三个人的世界搅得天翻地覆，但是最终她受的伤害反而比以前多了。

其实苗苗要做的，就是选择安静地离开，什么都别去捅，更别去泄愤，他人的痛苦和幸福由他们自己去解决，有一天真相肯定会大白。

对于很多被人脚踩两只船的女生来说，最大的痛苦不只是背叛，而是希望反复升起又反复粉碎的拉锯战，这种摇摆不定所带来的是自我价值被反复“蹂躏”。比如苗苗，对她构成“多重”打击的是：男的既然都已经选择了和别人在一起，为什么还要给她打电话？打电话，意味着对她继续有兴趣，而和别人在一起说明他已经做出了选择。所以对苗苗来说，这是一种“双重束缚”，所谓“双重束缚”，是说她既不能往左走，也不能往右走，连卡在当间都算是一种罪过。如果她和男生继续来往，她算什么？如果不和男生来往她又无法真正说服自己放下感情。

当然了，谁爱上一个人，都不会那么容易放下，但对苗苗来说，这种感觉似乎格外强烈。因为很多女孩一生中第一次做小三或者第一次发现有小三是在四五岁时，那时脚踩两只船的是她们的爸爸。如果这个“俄狄浦斯期”没有过完，那么三角关系可能会成为这个女孩长大以后一生的“主题”，阴影常在，长大后自己很有可能会不断陷入类似的三角关系中。

如果你一再进入三角关系，那么你就要小心了，也许你是俄狄浦斯情结的携带者。

心理学上有个“俄狄浦斯情结”的说法：古希腊底比斯国王得到一个预言，他的新生儿（也就是俄狄浦斯）有一天将会杀死父亲，然后与母亲结婚。底比斯国王对这个预言感到震惊万分，于是下令把婴儿丢弃在山上。但是有个牧羊人发现了他，把他送给邻国的国王当儿子。多年后，俄狄浦斯不认识自己的亲生父母，在一场比赛中失手杀死了父亲，又娶了自己的母亲。后来知道真相了，他承受不了心中痛苦，就刺瞎自己的双眼，自我放逐了。心理学用此来比喻有恋母情结的人，这种人有跟父亲作对以竞争母亲的倾向，同时又因为伦理的压力，有自我毁灭以解除痛苦的倾向。

俄狄浦斯是男人，换个角色，如果是女孩和自己的母亲竞争父亲，那么这个女孩往往会陷入一个困境：打败妈妈，意味着自己丧失了一个重要的照顾者，女孩的生存会出现问题——被妈妈“镇压”，则会一生中无意识地陷入三角关系中。因为她们对三人之间的竞争最敏感，除非能放下当年的伤害，否则她们会因为这个伤害的驱使而“过度补偿”——当竞争者不是母亲而是另一个女人时，她决不能被那个女人打败，她一定不甘心那个女人夺走自己的男人，这就是苗苗内心不平的根源。

如何面对这一地鸡毛的失恋岁月？现在要做的第一件事就是找一个人，或者朋友，或者是心理咨询师，要敢于讲真心话，把心里恶心的痛苦都吐出来，蒙冤受屈的女人最需要倾诉和宣泄，让情绪尽情地爆发，只有这样才能不留残根。

第二件事是在情绪宣泄过后，回顾自己的生活，除去欺骗和无情，问问自己：是否有过幸福的时刻？那个时刻他的爱是虚假的吗？

我不相信情感中有骗子，如果一个人存心欺骗你，他也要付出一部分真情，才能让你心动。为什么会这么说？因为如果当一个人否定情感之后，很容易就否定自己——他会怀疑自己的价值，怀疑自己的能力。但事实上，这个男人错失了一段美好的感情，他必将为此付出代价，比如现在和他同居的女孩对他的怀疑，等等。当我们失去的时候，往往会在乎失去的东西，而忘记了手里本来就有的东西。

第三要仔细反思，为什么愿意相信别人的欺骗？为什么不敢面对真相？在爱面前表现出的胆怯和脆弱是怎么回事？为什么可以允许别人理直气壮地将责任都推到自己身上？该如何保护好自己？

第四，要更认真地思考：该用什么样的眼光看世界，以道德为准绳是否能真正掌握幸福？对欺骗行为，你当然无法认同，但是道德除了赐予你愤怒以及无力感又能给你什么？道德往往是在被抛弃的时候才会大力张扬，什么时候你在婚姻中反复提到道德，那就说明你们的关系出现了大问题。

道德主义的好处在于可以将自己摆在受害者的位置上，不用承担责任；但同时问题在于，不用承担责任，于是成为巨大压力的承载者——这个压力就是不能做任何事，因为对方错了，而你永远是非常正确的“受害者”。如果你想成为“常有理”先生，那么我建议你就这么推责于他人。

在婚姻中分出谁对谁错已经很难，如果我们能暂时放下道德的大旗，尝试着用“打乒乓球”的视角来看自己的人生，会更贴切：打乒乓球是有来有往的游戏，一旦打起来，我们很难说胜负是因为这一拍还是因为那一拍，因为每一拍都是另一拍的“因果”。

如果你愿意尝试着将自己看成“幸存者”，那么也许你看到的世界和你作为“受害者”的身份看到的不会一样：比如你会发现，自己也有能力承担属于你的责任，并且为改变结局做一些事情。比如对苗苗来说，当她第一时间发现了男友有出轨的问题，她选择成为一个“受害者”，将改变局面的主动权交给对方，希望对方可以用理智压制感情，看上去此时此刻她似乎很宽容，但不过是将灾难更多地集中在一起而已。

卢悦解“毒”

去爱值得爱的人，做值得做的事。

不要把美好感情表错了对象，一再陷入“骗局”就该反思自己了。

快要结婚时，暗恋对象搅局了

——收拾一段旧感情，才好上路

结婚是一件大事，大在哪里？它宣布你“捕风捉影”的日子的终结，意味着你不再是那个掰棒子的“狗熊”，一路捡一路扔，而是在这片“玉米地”里找到了那个唯一的让你可以“啃”一辈子的“玉米”。只是你真的确定就是那个“玉米”吗？你真的确定你的选择是心甘情愿、无怨无悔的？

不要以为电影中的情节只会发生在银幕上，只要你对上述问题心存犹豫，那任何戏剧性的场面都有可能发生。

梅子和男友已到谈婚论嫁的阶段了，没想到在结婚前的一个月，却风云突变，半路杀出个程咬金。原来她一直暗恋的一个男生，由于两人多年未联系上，所以没有交点。最近两人偶遇，倾心相谈中，那个男人向她表白了，当初他早就喜欢上她了，只是那时他已有女朋友。要知道，当时梅子在心中也是非常喜欢他的，可命运就是捉弄人。现在，她不知道该怎么办，有些心动，而自己又面临结婚，在考虑不周的情况下，她把自己的矛盾告诉了现在的未婚夫。

结果一石激起千层浪，暴脾气的未婚夫第一反应就是骂她，并断然提出分手。一天后，冷静下来的未婚夫又主动要求和好。梅子的闺中密友听了她的哭诉，分析说，那是因为她家比较富有，这点让未婚夫去而复归。她一想，确实，在和未婚夫一起时，她给他买了许多东西，手机、电脑、名牌衣服等，而他为她买的东西却寥寥无几，她感觉不公平。(试分析一下，闺中密友的话不能全听，一定要有自己主见和辨识力。)

未婚夫也怕她离开，哽咽着解释他的过激言行：因为在乎她才骂她的，接受她的礼物是因为没把她当外人。梅子被未婚夫的哭泣感动了，答应不和他分手。

而那个迟来的暗恋者，已经为了梅子和女友分手，见梅子犹豫了，又和女友和好了。暗恋者解释说，他不愿意伤害两个女人，如果梅子和男友分手，他一定全心爱她。而梅子则不敢和他在一起，怕他介意她的过去，捡了芝麻丢了西瓜，不敢轻易和未婚夫分手也有这个因素。闺中密友瞎出主意，你两个都放弃吧。面对这三种选择，她都不敢选择，生怕自己错过了真爱，竹篮打水一场空。

如果我们愿意，我们也可以生活在亦舒的小说里。如果情感中出现了犹豫和迟疑，这说明内心并没有真正做出选择。一个即将踏入婚姻殿堂的女人，在遇到一个求爱者以后，居然开始举棋不定，那说明她的感情并非固若金汤，或者说存在着一个空洞，她的内心没有完全被当前这段即将进入婚姻的爱填满，还有空隙留给其他人。

我们无法确认，到底跟谁会有一个幸福的未来，其实是因为我们无法知道，如何才能将幸福握在自己的手里。

有趣的是，女孩都会有闺蜜，看上去好像她们没主意，都是让闺蜜们拿主意，比如梅子的闺蜜就大胆地分析出，男友爱她只是因为贪图她家的富有。而梅子也会因此前思后想。如果闺蜜们说得不对她们内心的答案，那么她们是不会对其多加留意的。看上去最没主意的人，老是让朋友拿主意的人，其实都是最有主意的人，她们只是不愿意自己说出主意，而是诱发闺蜜们当她们的代言人而已。

也许梅子很早以前内心就开始有些失衡，她为未婚夫付出很多金钱，而未婚夫却很少为她付出。那么他到底为的是自己的钱，还是自己这个人？也许她这个疑问是对的，因为她的付出只证明了她如何爱他，但却不知道他是如何爱她的。

也许她好像很“白痴”地将另有求爱者这样“爆炸性”的消息告诉未婚夫，也许这就是一个测试题：她要未婚夫证明他是爱她的。所以当未婚夫哭泣时，梅子感受到这种爱，又答应不再分手了。

至于那个暗恋男生，对梅子来说，更像是一种套牢的股票忽然解套了，爱往往因为得不到而成为一个理想化的容器，因为距离和足够的模糊，可以装下所有的理想。暗恋男生的突然表白，往往会激发一个女人多年辛苦暗恋的补偿情结，于是她同样被他“感动”了。

然而，暗恋男生和女友复合了，梅子却又失望了，也许她觉得好戏刚刚上演，她可能还期待着暗恋男生做出更“亦舒”的浪漫动作，为她“抛头颅洒热血”，奋不顾身地为爱牺牲。然而，她看到的是一个“精明”的求爱者，一旦有风险，立刻躲到安全地带，将风险推到梅子这里。

像梅子，她是一个需要异性不断证明有多爱她的人。没有证明，似乎就没有了爱。

很多女生都渴望着男人为她争风吃醋，乃至拔刀相向，这一幕的出现，让她们获得非常大的满足，让她们觉得自己的价值很高，然而，这种行为恰恰证明她们内心的价值是握在别人手里的。

很多女孩都喜欢玩各种心理测试，除了这是打发无聊的一个很好的手段外，也说明她们内心对自己的不确定。如果一个人不断测试别人是否爱自己，那么这说明她对爱的态度是“仰人鼻息”的，她不知道如何才能真正让别人爱上自己。比如梅子，她是不断通过她本人价值以外的“附加值”来为自己增加“筹码”的，然而最后却让自己的这些“筹码”喧宾夺主，让她怀疑到底未婚夫看上的是她本人还是她殷实的家底。那么她为什么要给未婚夫买那么多东西？也许一个潜台词就是，她觉得自己的价值不足以吸引这个男人，她必须要靠其他东西才能充足分量。

有趣的是，也许不光梅子想通过这件事来检验一下自己和未婚夫关系的成色，那个暗恋男生似乎也是和她处于同一阶段：因为对婚姻前景缺乏信心，他们需要刺激一下对方，让自己有充足的理由和对方生活下去。

像梅子一类的女性，现在要做的是：一、列个清单，把男友和暗恋男生的优缺点分别列出，然后给每一条评分，算出这两个男人在你心中的分数。二、想一想，如果分别和这两个男人生活，需要做些什么。比如男友和你相处的最大问题似乎是他的付出较少，如果他能像你那样付出，你是否愿意和他过下去；至于对暗恋男生的爱到底有多少，需要你自己去评估——是因为你多年的愿望终于得偿还是因为这个人真的值得你去爱。

当然最重要的还是：你如何提升你自己的价值，或者重估你的价值，否则你将一直测试下去，你会不断地害怕自己不被人爱，然后想出各种方法来刺激你的伴侣，让自己获得片刻的安全感。这让我想起不敢离开妈妈的小女孩，她不相信自己可以照顾自己，所以她会一直做各种恶作剧，看看自己如果变成一个坏孩子，妈妈是否还会爱她。

一言以蔽之：你要问自己，你相信你自己是可爱的吗？你觉得你是有价值的女人吗？你确信自己可以照顾好自己吗？你如何做才能获得真正的爱呢？也许真正的爱，不在外面，而在你内心，你真正爱上了自己，才会真正爱上其他人。

卢悦解“毒”

得不到的爱就像被套牢的股票，充满幻想。

事实上，只有真正爱上自己，才会爱上他人。

付出这么多，他却感觉不到幸福

——与其测试对方忠心，不如改变自己的“软骨头”

经常遇到有人说：“为什么我付出了这么多，他却感到不幸福?”说这句话的人，往往已经濒临爱情崩溃边缘，已经精疲力竭，不知所措了。她们的眼睛是哀怨的，她们的身体是劳顿的，她们的手势是无力的，她们的语调是黯淡的。但是我总有一个非常不厚道甚至有些恶毒的想法：我情不自禁想恭喜她们，她们终于山穷水尽了，以前认为是天经地义的东西，现在终于行不通了。她们必须要做出改变了——要么继续抱着她们垂死的爱情不放；要么与之同归于尽，两败俱伤；要么放下，重新拾起有用的爱的武器，而这往往是新路的开始。

小资白小扬今年30岁，她曾有一段非常幸福的感情，在朋友们眼里，他们这一对几乎是完美的传说。白小扬对爱情的理解就是无条件地付出，并从付出当中得到很多满足，付出就是她幸福感的来源之一。

可惜男友并不满意，他觉得更多的时候，白小扬总是想如何在物质上满足他，总认为对他无微不至的照顾和给予，就是体现爱情的方式，从而忽略了心灵上的沟通。为此，男友一直努力迁就白小扬，认真体会她的感受，认真了解她，在她需要的时候给她鼓励、安慰。

在白小扬看来，男友是个很有心的人，做事情也很有原则，而且以前在感情问题上受过伤害，把自己包裹得很严。他们相处这一年半来，他无数次要求、提醒，希望她能多用心体会一下感情的处理方式，可是她从来都懒得思考。跟白小扬在一起，他总是能感觉到白小扬的情感，但是却极少有满足感和安全感。那已经逐渐燃起的希望，现在又熄灭了。他感觉很累，只想离开了。

除了物质上，白小扬承认她以前做得太少，缺少浪漫和用心去理解男友，但她愿意去努力使自己成为他要的人，而且她也认为自己可以做到，可她怕时间不够，没等她成功，他就飞了。

和有过感情经历的男友相比，白小扬没有什么感情经历，人生路上基本是一帆风顺，所以很少能顾及他人的心理感受，或者说她不知道怎样去感受别人的心，她认为这是她的缺陷。

男友最后很痛苦地说，其实他还是喜欢她的，但他跟她并不在一条线上，她的性格决定了她永远不能成为他想要的那种人，他发现自己越来越不需要白小扬……

"极少主动为我做些什么，只是在尽量满足我提的要求，而且是把这些感性的要求全都物质化了。"男友这样说。对于白小扬的挽留之意，男友回复："先好好想想自己要成为一个什么样的人，想做什么样的事，然后好好努力去实现吧。

如果到那个时间，我们合适，自然会在一起，现在太逼着对方，对我们都不好……”

对于白小扬的种种期许，男友觉得她简直像个孩子。他甚至伤感地说：“我有时候甚至都觉得我现在放弃你，可能这辈子也找不到更好的了，但我仍然决定放弃，因为我不敢再有期望。”而且他觉得白小扬这些改变的承诺，他也不愿意接受：为他做任何事，其实只是在她的原则范围之内对他迁就而已——这只是一种违心的屈从，而非真正的一致。

不管怎么说，男友肯定了白小扬这个人：是一个很好很好的人，交朋友很不错，但是在感情方面确实让人很头疼，感觉到不踏实。

男友打算一个人好好静一静，调整一下自己的心态。他甚至感伤地说：“可能我也要求太高吧，我这样的人太难得到幸福了，我希望她能找到属于自己的幸福……”

当爱情生病的时候，我们往往会看到一些反复出现的模式，比如其中一种就是“客户与服务商游戏”或者说是“主人和仆人的游戏”。这个游戏的第一个特点就是一方提供标准，另一方则负责努力实现。第二个特点是一方因为拥有随时离开关系的魄力，而另一方则投鼠忌器，所以标准提供者拥有更大的权力，对于幸福和情感的质量有着垄断性的评判权。

关系中的权力往往流向那个对感情投入最少的人，那些更不在乎关系的人，会拥有更大的话语权。

我经常见到这样的伴侣，男人想要放弃，女人拼命挽留，甚至能忍受对方已经背叛自己的痛苦，她们此时此刻都被分离的焦虑所统治，对她们来说如果对方能留下，自己愿意做任何事情。

所以她们会将所有错误全部自己承揽下来，但是世间的错误岂是能改得完的?

有趣的是这样的关系往往是“逆转式”的，比如在感情的“上半场”，男方负责忍耐，女方负责决定爱的定义，“下半场”女方负责忍耐，男方负责决定未来的方向。

在白小扬的感情中就是如此，恐怕在男友提出想要分手之前，她还沉浸在几乎人人羡慕的爱情迷梦中呢。说实在的，他们都沉浸在一种迷梦中，那就是我认为对方一定和我吃一样的东西。可以说他们会非常用力地爱对方，可是无论怎么喂，就是喂不饱对方。这就像是一只狼和一只羊，狼拼命喂羊吃肉，而羊拼命喂狼吃草，如果白小扬是那只狼，那么她就不断地用物质而非心灵交流的方式“喂”男友，如果她的男友是那只羊，那么他就会用“爱=忍耐=回避冲突”来“喂”白小扬。

在爱的“前半场”，男友这只羊不得已被塞了一嘴肉，这是他不想要的，最后“饥肠辘辘”地走了。他是饿急眼了，忍无可忍了。

不过有趣的是，白小扬有一种让别人屈从自己的能力，而男友则有一种出色的忍耐能力。在爱的上半场，白小扬负责制定标准，而男友则负责小声抗议，大多数时间都隐忍不发。

为什么男友会连尾巴都被踩到了，还不发声呢?因为他可能是“一朝被蛇咬，十年怕井绳”，也许是他从小就学会了如何做一个默不作声的“坚韧”男人，学会了如何回避冲突，不去正面冲突，学会了将自己命运的主动权放在对方身上，对方能改，我就

有幸福；对方改不了，我就只有换。恋爱也是同理。

这么说来，其实白小扬和男友玩的都是一个叫做“取悦”的游戏。这个游戏的主要特点是取消自己，和他人融合。如果你观察一段时间孩子和妈妈爸爸之间的互动，就会明白什么叫做取悦。孩子为了得到玩具，会无所不用其极地讨好爸爸妈妈，或者这个孩子为了活下去，他不得不放弃自己想要的，认同爸爸妈妈的愿望，让自己不会被父母抛弃。

白小扬的模式分为两档：第一档是只有我模式，第二档是只有他模式。前者一心一意地玩着自己的爱的方式，通过不断满足自己心中假想的那个男人来满足自己；后者是一心一意地放弃自己的需要，取悦现实中的男人来防止被抛弃的命运。就像跳舞一样，你非常努力想配合对方的舞步，学会他想要玩的舞蹈，殊不知，对方也早在上一曲跟你做了同样的事，等你想要问问他怎么跳时，他却等不及，干脆想要换舞伴了。

男友的模式也分为两档：第一档是只有她模式，第二档是只有我模式。前者不断隐忍，希望通过一切委婉的方式想要对方改变成自己想要的模样；后者视对方为不可救药，将自己看成是悲剧角色，为自己的痛苦审美化，充满诗意。

两个人的共同点在于，都试图将自己关于爱的定义规定为唯一正确的真理，简直就像两个宗教激进主义者碰到了，开始试图将对方拉到自己的宗教里去。

其实他们是非常不同的两个人，男人和女人性别的差异就构成了彼此的视角不同，更何况文化的影响与表达的方式构成了太多的不同，比如白小扬倾向于用物质表达爱，而她的男友倾向于精神爱。那么是白小扬有错还是男友有错？如果你能分辨出吃萝卜有错，还是吃青菜有错，那么你就能判断他们谁有错。

那么似乎结论出来了，男方往往会说，既然你的爱是萝卜，我想要的爱是青菜，那么拜拜，我去找我的青菜去也。问题在于当初两个人相爱的时候，你们是否觉得彼此非常合适？你们是否觉得这个人简直就是我的菜，太合适不过了？但是现在为什么又忽然发现，这个人简直完全不是我当初想要的了，我看走眼了，我要重新选一个和我合适的？

对不起，你凭什么认为你可以避免重蹈覆辙呢？或者说，你怎么就这么确信一定会在这个世界上找到一张和你一模一样的叶子呢？月有阴晴圆缺，人有新陈代谢，人都是要变的，而我们却试图用不变的标准衡量一个每天都在变化的世界，最后的结果是什么？

很多人做各种测试，花了很多力气去寻找“最适合自己”的人，事实上，我们看到最不可思议的不般配的夫妻白头偕老，又看到白小扬这样已经几乎成为传说的爱情戛然而止，于是我们将一切归为天命，其实就是等着天上掉馅饼。如果你在事业上这么做，我们会说你是个愚蠢的人，但在感情中大家守株待兔，似乎却很有美感。

其实关系中最重要的不是求同，而是如何在存异的基础上求同，或者说在求同的协助下存异。很多人都抱着这样的想法：我一定会将他修改得和我的梦想一致进入感情，最后落得大地茫茫真干净。其实你不妨这样认为：我们就是两个非常有差异的人，我们现在的任务就是如何在一起生活下去，同时保留一些差异。如果你有这样的想法，你的爱会比那些泡沫式的幻想式的爱情更接“地气”，也更有生命力一些。

在爱情中，如果我们特别爱对方，往往就会受到一种很强烈的为对方改变的诱惑。可往往会出现一种悖论，你越是配合，他越想走掉，为什么？原因有上万个，我先只说其中几个。

第一，如果用心理学的语言表达就是无论男人和女人，都会喜欢一个有“框架”的人，这里的“框架”是指一个人的行为方式、观念和价值观等。为什么女人会喜欢有谱的男人，而男人会喜欢冰山美人呢？因为爱不光是满足，还是需要挑战的；爱的滋味来自稀缺，而不是来自极大丰富。爱的张力在于距离的远近掌控。为什么我们将“探戈”看做是性感之舞？因为探戈时而将两人变得零距离，时而拉远，变化而多姿给人一种流动的兴奋感。

但是我们往往将爱变成了军队的正步走，一定要整齐划一，而没有了任何变化与弹性，这是注定要失败的。一个有框架的男人和女人都是尊重自己，也尊重别人的，因为他们知道自己的边界在哪里，所以不会贸然不经人允许就越界，也不会允许对方肆意在自己的境内放纵。这就是爱的分寸。

第二，爱是一种很奇怪的生物，它不喜欢服从，它喜欢的是主动和有自己的想法。所以无论男女都喜欢给对方做一个“废物测试”，来考验你是否十足真金。这个测试会从你们相识的那一刻一直延续，即使两人一起白头终老，这种测试都会存在。

在爱情中，我们往往会进入一个悖论：既想让对方为自己而改变，又不想让对方为自己而改变；不改吧，说明对方不够爱自己；改吧，说明对方又太软弱。如果你这么轻易放下武器，那说明你对谁都可以缴械投降，那我要你这样的“软骨头”干吗？感情的有趣就在这里，你就是在走一条钢丝，保持平衡是一件非常重要的事情。

第三，我想说的是，这个世界上不存在成熟的人，没有人会成熟，就像每个人都只是“特长生”，不存在一个“全面发展”的人。这个人过去没出生过，我打赌以后也绝不会出生，即使出生了，那么他在出生那一刻也就被定义为“不成熟”，因为他是这个社会的异类。

感情这个舞有趣就在于，它是由两部分组成的：一部分叫吸引，一部分叫排斥；一部分叫迎合，另一部分叫挑战；一部分叫捍卫，另一部分叫放弃……它是阴阳互动而成的，如果你只玩其中一个部分，那么你一定会输。只是迎合和讨好对方最终一定会失去对方，因为对方需要你的挑战，需要知道你是个有自己底线的人，一个没有底线的人是很可怕的，这样的人一般在精神病院和监狱里待着。所以当你可以任意改变的时候，对方不会有安全感，如果你有自己，那么对方也会从你那里获得足够的安全感。

第四，我们要先承认男人和女人很难说同一种语言。白小扬从小就学会用物质来表达爱，而男友则从小认为爱的定义就是语言；白小扬从小以为付出和迁就就是爱的表达，而男友认为等待和忍耐是爱的真谛；但老实说，我打赌他们一定不会满足于此，否则他们这两个有这么大差异的人不会在一起。

我们的感情很有意思，往往我们爱上彼此是爱上了生命中所缺的那块拼图，在我眼里，婚姻就是一场心理博弈，我们都通过建立两性关系，解决一些我们未完成的故事，比如很多人的故事是这样的：

我们从小就学会了按父母要求完成“作业”，但在我们的两性关系中，对方不希望看到一个乖孩子，因为对方希望的是平等的交流，而不是像老师和学生的关系。所以很多人会很委屈，虽然自己已经超额完成作业，对方却不会真正感兴趣。爱情是成人的游戏，不是过家家；然而问题在于没有人可以“猜”到对方的需要。

其实爱的语言有很多种，一个人喜欢用物质表达，另一个人喜欢用言语表达，这都不是错，也不是什么缺陷，关键在于我们是否有能力一起协商，一起努力？很多时候，我们在爱情中产生了差异或者分歧，就会变成一个是老师一个是学生或者一个追一个跑，一个逼一个推的关系。用这种姿势解决分歧的一个最大的弊病就是一对爱侣成了分裂的两部分，而不能作为一个团队一起解决问题。

爱情是这么复杂，这么浑浊，就像舞蹈一样让人眼花缭乱。然而无论怎样，它是有着自己的舞步的，如何融入对方，又保持着自己的独立；如何顺应彼此又挑战彼此；如何让这个舞充满了趣味和挑逗、暧昧和火辣，这都是需要我们一生参悟的东西。

卢悦解“毒”

爱情需要保留差异，在差异中求同，否则你找自己的影子好了。

爱情就像跳舞，需要跟着对方的舞步，又保持着自己的节奏。

男友像孩子，把你当女友和老妈

——男人不成熟，是因为内心很懦弱

曾经有首老歌，说的是我们心中男人和女人的形象：阿里山的姑娘美如水，阿里山的少年壮如山……然而太可惜了，阴阳有些时候，不以我们的意志为转移。尤其是这个年代，男人女化，女人男化，打开收音机，听到的都是软绵绵的男声，那一定是中国男生在唱歌；而听到欧美男歌手，大都带着一股爷们气。

就像是《红楼梦》中，那个深得女孩子喜欢的公子，也是个文弱的模样，到了李少红版的《红楼梦》简直就只剩下“豆芽菜”一样没有长开的青春期前“小厮”了。但是你看不上的，未必其他人看不上。所谓“情人眼里出西施”，爱之所以难缠就是因为它是不讲道理的，或者说不讲我们所说的道理的。

理论上讲，女孩是想小鸟依人的，但在现实中，很多女孩是很威猛的，问题是好像很多女孩没有选择，她们明明不喜欢做包办一切的大总管，可是不知道为什么她们就成了男友的“代理妈妈”。如果她们像王熙凤那样喜欢弄权，那倒也是个乐趣，可明明她们渴望被呵护关照过“心比天高”的生活，却过着老妈子式的“命比纸薄”的生活，到底发生了什么，让她们陷入这种恶性

循环呢？

> 苏苏的男友就像孩子一样，总是给她制造麻烦，他总是抱怨她对他关心不够。事实上苏苏几乎连擦皮鞋、系领带这样的事都替他做了，可是他总是挑三拣四，男友的思维简直就是儿童式的。苏苏最受不了男友倾诉工作中那些事情，她总忍不住说他行为方式太幼稚，结果男友就暴跳如雷。两人经常为此大吵，于是他们分了又合，合了又分，闹了两三年，现在苏苏真的很疲倦了，可是一想没她照顾他的可怜样，又忍不住想和他在一起。其实她父母的关系就是这个样子，她很讨厌这样的关系，可为什么她的情感生活又是如此呢？

老实说，苏苏和男友如果有钱，他们可以雇佣一个老妈子来照顾他们的生活起居，可是男友的工作压力和困惑以及“幼稚想法”也许才是真正和情感有关的事情。

苏苏身上体现了80后一代一个共同特点，那就是共情能力的缺失。他们的父母是史上最焦虑的父母，因为他们是“失去的一代”，大把光阴浪费在田野和火车的漫游（大串联）中，他们最缺的是物质生活和学业上的进展，于是他们对孩子的教育就体现出某种急功近利和焦虑的情绪。因为这个时代的巨大变化，让父母一代出现了某种文化上的断裂，于是他们希望孩子尽快融入这个飞快竞争的时代。这些青春期最自由的家长们，用非常严苛的魔鬼训练的方式，希望孩子尽快地“一夜成熟”。于是各种天才训练营、奥数和钢琴考级班应运而生。这些孩子们身上遭受了两个极端的对待，一个是物质的极大丰富和过于饱和的生活起居方面的教育；另一个是情感的极度缺乏。他们接受了太多的考试教育，却没有爱的教育；他们看了太多的成功学案例，却没有基本的共情的能力；他们从小就被教育要成为大人，于是他们被要求学业上的成功可以赢得一切。这让这些孩子有一种幻觉，似乎事业可以赢得一切，包括感情，他们很多时候不被允许表达情感，甚至认为幼稚和脆弱这些情绪是有待消灭的“负面情绪”。

在情感关系中，经常会出现某种退行的“母婴关系”。对一个吃奶的婴儿来说，你哪怕迟几分钟，在他看来都是一种了不得的事情，因为他不懂，妈妈只是因为其他事情耽搁了几分钟，让他多饿了几分钟肚子。在他狭窄的认知世界里，这几分钟等待时间是没有任何信息的，他所能理解的就是被抛弃，没有资源生活下去，死亡等着他，所以他展开自救的最好方式就是亮开嗓门大喊，让周围的人注意到他。

那么为什么男友会在和苏苏的关系中，倒退成为一个婴儿呢？因为我们在情感关系中的第一个老师，很多时候也是任教时间最长的老师就是我们的父母。

我们不知道如何在情感中相处，而父母用他们的身体力行教了我们十多年，让我们对很多行为模式非常习惯。

比如对某个地方的男人来说，在过节的时候，男人一桌吃饭，女人一桌吃饭，是很正常的事情，而且男人要占主要位置，女人只能站着吃饭，这是很正常的。因为这样的事情，没有任何人质疑，所以作为一种文化传承下来。如果一个男生在情感关系中发现自己的鞋带一定是由妈妈系的，那么他在情感关系中感觉到温暖和熟悉的就是别人替他系鞋带。

这很正常，想象一下，我们和父母在一起生活了十多年，他们的行为模式和观念规矩等都像年轮一样深深刻在我们的心中，即使我们在意识上反感了，在潜意识中也会接受下来。为什么苏苏会偏爱孩子式的男友，而没有找到一个宠着她的男生？因为这样的人让她感到熟悉，这是她从父母那里习得的唯一处理情感的方式，换句话说，她头脑中没有一个良好的亲密关系的模板。如果是其他类型的异性和她相爱，她需要重新建立新的“模子”，可这未免难为她了。

是习惯而不是观念，最终让我们跟着“感觉”（熟悉的感觉）做出了“无奈”的选择。可是她真正需要的是男友而不是一个儿子，她想成为情人，而非母亲。如果爱情关系与母子关系重合，那么这个情感注定要充满痛楚。

如果你长期用右手写字，有一天你决定要用左手来写，那么一旦事情到来的时候，你还会情不自禁地用右手来写，这就是习惯的力量。

最有趣的是，虽然苏苏非常照顾男友的生活起居，可是她最无法也无力照顾的是男友的情绪，她无法接受男友跟她倾诉自己的心事。她的包容和爱心仅限于生活，不涉及到心灵层面。

可是我倒觉得，一方面可能苏苏的男友是过度儿童化，而苏苏可能对应的是过度成人化，一个是完全无法承担压力，另一个却是完全无法承受脆弱。

当人走向极端的时候，痛苦往往就此产生。我们的老祖宗之所以给我们这个国家起名为“中国”，其实是想让我们这些子孙牢牢记住一种生活的哲学，想教我们如何寻找我们的“中庸”之道。

什么时候，苏苏能不再那么无法接受脆弱和情感的流露，什么时候她的男友愿意面对自己的痛苦和折磨，那么他们就成功地“中和”了。

不过苏苏应该感谢她的男友，他让她产生了困惑，他让她意识到需要做一些改变，他让她感觉到自己正在走入一个恶性循环，发现需要摆脱父母在自己身上刻下的烙印。

苏苏为什么需要一个如此孱弱的男友呢？也许因为她本身对情感没有信心，因为父母没有给她提供足够好的示范，她的伴侣往往就是她内心的投影，他没有长大，她也没有。

心理学里对他们这种关系，有个定义叫“重演”。也许不只是男友喜欢做孩子，而是苏苏期望通过扮演母亲，重演一次父母的婚姻。也许父母的婚姻给她留过伤口，所以她希望“重演”一次，她通过“拯救”男友，拯救她曾无法拯救的青少年时代的父母关系，或者说通过这种方式重新照顾当年受伤的自己，这也是一种本能的自我疗伤的方式。但问题是大多数时候，没有社会资源的支持，“重演”只是重演，但没有“重构”。苏苏觉得她未必非要离开男友，只要他能成长起来。她不用要求他必须像个男子汉，因为他可能也深深为此而困扰。苏苏的人生最需要的是“共情”别人，感受对方的情绪，因为她男友的内心缺乏力量，他需要找一个新的“母亲”去依赖。

如果想要重建新关系，她需要做下面五步：

一是接受：接受他们都是心理需要成长的人。我们可以不接受对方的幼稚想法，但我们需要接受这个幼稚想法后面的恐惧、痛苦、挣扎与委屈等情绪，接受不意味着姑息，但接受意味着我们可以感受对方缺乏力量的痛苦。

二是分享：感觉当男友抱怨以后自己内心的想法，自己的情绪。当我们感觉自己的情绪时，就可以驾驭自己的情绪，而不是让自己的情绪放纵地沉溺式地爆发出来，而且也给男友做了一个示范：如何和自己的情绪交朋友。

三是设范：苏苏可以先找出他话语中可以接受的地方，加以肯定，如果找不到可以肯定的地方，起码可以肯定他的情绪，这样，当他愿意听她说的时候，就可以跟他说一些建议，帮他找到做男人的尊严。

四是导向：当他一再表现孩子气的时候，往往是他失去了方向的时候，这时让男友自己思索，不要试图代替他自己思考，看到其他选择的可能性。“条条大路通罗马”，这句话会让他感觉自己有一种掌控感，努力进行头脑风暴，跳出单向思维。

五是鼓励：苏苏可以在男友面前适当地撒娇和表达自己的软弱，因为她也需要卸下盔甲。她必须要培养男友爱自己的能力。实际上，往往当你让出位置，给对方一个空间的话，也许他会做出一些不可思议的事，让你惊喜也未可知。此外她要对男友取得的细微变化进行具体的鼓励，比如他某一天主动承担了家务，需要立刻夸他擦的哪些地方有多好，这样就会适当增加他的积极正面的行为。

当我们能这么做的时候就会发现，男友成长之日也就是自己成长之时，因为我们终于可以驾驭自己的情感和人生了。

卢悦解“毒”

我们习惯于被安排，被恋爱，却很少自己去做主。

如果爱情关系与母子关系重合，那么这个过程注定要充满痛楚。

这个世界，还有完美的结婚对象吗

——有完美的一面，必有缺陷的另一面

小时候，我们家养过一条名贵猫，名曰“乌云踏雪”，通体乌黑发亮，只有四爪和胸口是白的，眼睛在一片黑中闪闪发光。后来发现这只猫随地便溺，性格乖张，让人不解，后来想起赠猫人随猫附赠的《名猫书》，上面有一段话，颇让人玩味：凡名品猫必有一些致命缺点。那时就觉得这个定理似乎不只是可以用于鉴猫，似乎也可以鉴人。

上帝是公平的，完美与不完美会在一个平衡区间之内，这样人才能保持其“平凡”之处，或者说“中和”之处。所谓可恨之人必有可怜之处，可爱之人必有可憎之处，极端者必有极端者伴之。

现在很多人的职业都是需要“正襟危坐”的，比如官员、律师、企业家、办公室职员，等等，他们平时必须要戴个面具生活。人的内心往往是需要平衡的，我们的内心总有阴影的部分，这部分一定要有出口来释放，所以如果一个人表现得很干净，一个可能是他已经内外都很和谐了，另一个可能就是他将脏东西都藏在抽屉里了。我们对于完美主义的追求正在试图将我们所有人的爱拧到一个型号的螺母上，这个完美主义的文化试图告诉我们：世

界上没有幸福，除了我告诉你的这唯一的一种以外。所以当我们选择一个和我们的完美文化不相符的爱情时，我们会有焦虑感，因为我们要背叛的是整个文化。即使我们在深山老林里，无人知道我们的事情，但我们内心也因为装满了完美主义的唯一爱情论而不得安生。

于是极端的优秀背后可能会蕴含着极度的疯狂，完美主义拒绝一切不符合完美要求的人性的部分。比如一个人的脆弱，一个人的放松，一个人的工资水平，这些都是有严格量化的标准的。当我们的感情可以量化、论斤来称的时候，我们的爱也就和一根黄瓜没有什么区别了。爱还有可能永远无法量化，比如关心和鼓励、包容和支持、劝解和分享……这些似乎都无法列入完美主义的流水线中，因为它无法展示，无法炫耀，也无法拿到展台上，供他人观看。

而当完美主义将我们的爱变成动物园或者马戏团的游戏时，当别人的掌声可以确定我们幸福感的时候，我们的爱和一只会跳火圈的小狗没有什么区别了。可惜的是，虽然我们越来越重视隐私，在小区里安放红外射线，在窗户外安放防盗窗，可是我们内心却时刻让我们生活在鱼缸里，似乎我们的一举一动都要得到其他人的评判，这就是一种金鱼缸的文化。我们生活在别人的唾液中，唾液的多少决定我们的幸福感。

基于此，我不认为上述的幸福感，是一种我所理解的幸福感，它更像是一场表演，一种哗众取宠，一种自我贬低为机器的更低等的运动方向。

我们在这个世界上，很多时候的痛苦，来自于衡量幸福与否的标准取决于他人还是自己。我们这个世界上大多数人很在意他人的眼光，这不奇怪，只是我们在意的程度有区别，受他人的影响程度也有高低。

心理学大师罗杰斯曾说过一句话：我做了30年心理咨询，发现几乎所有来访者的问题根源都是他们被教会自己轻视自己。我必须说，无论我们现在情感有多深厚，财富有多炫目，最终决定幸福的是我们在爱中的努力。

一个流水线上的螺丝没有自尊，也没有自我。一个没有自我的人，是不可能真正有自我意识的，就像有的超女，她的要强可能很大程度上是为了表演给观众看，观众们的掌声决定她的自我价值。

一个人如果没有稳定的价值感，那么他就会拼尽全力去追求外面的热源，他就倾向于用灾难性的视角看待未来，因为他没有热量，全部的热量来自目前所得，所以，如果你让他放弃手中有的东西，无异于让卖火柴的小女孩扔掉手中的火柴。

一个没有自我价值的人，会很容易将周围的人看得比自己还要重，所以他们将所有的能量都用于经营外部的世界，将其他人的需要放置在自己的需要之上，于是他们就觉得安全。他们倾向于用控制的方式来维系热量，因为他们不能忍受别人的离开。于是他们往往将爱囚禁起来，就像他们囚禁自己的需要一样。

自我价值感低的人，总以为情感是固态的，好像有了深厚的情感或者有很多金钱或者很好的预期就会有幸福，于是他们都成了情感的败家子。月光族当然少见，但“年光族”却不罕见，很多人以为只要“俘获”了爱情，就可以“靠山吃山，靠水吃水”了。比如一个适婚姑娘，她需要什么样的男人、什么样的婚姻，这都只是她的选择，但问题在于她的观念把自己的人生变成了“一锤子买卖”：比如女人在爱情中只有一次选择，选择失败就会一生悲剧，这是一种僵化的思维。为什么我们要选择这种只许成功不许失败的路？这条路是通往自杀剖腹之路，我们的人生有必要上演得如此悲壮吗？不成功，便成仁？我真的想劝有这样想法的人，我们有太多种的幸福，我们有太多次选择，我们随时随地都可以选择，我们的人生不是一次绝望的冲锋，而是无数次和其他生命的美丽重逢。

那么话说回来，如果我们不相信自己，那么我们每一次选择都变成了一轮盘赌，所以不是我们的选择有多大风险，而是我们这样看待自己才是最大的危险。

不可否认，一个有能力的老公的确会给人带来很大的安全感，但这种安全感既然是别人给的，当然也有可能收回去，人生由别人做主，是最大的不安全。

作为一个人，需要有自己的追求。也就是说，当一个卖火柴的小女孩穿上了衣服以后，她会对衣服的品质和品位有所要求，这时女孩的诉求不再只是温饱，而在于时尚。所谓仓廪实而知礼节，也许此时姑娘内心的挣扎是一种“成长之痛”——因为她不能只满足她的需要，她需要挑战一个能够让她去爱的男人，而不只是一个爱她的男人。或者说她需要一个男人可以征服她，而不是让她可以随意征服的男人。

人的需要总是很矛盾的，比如我们掌控一个人的时候，往往会觉得安全，但同时也会有不满，那就是如果对方能够掌控我，我也会有一种小鸟依人的放松感。

爱的奥妙就在于两者之间的循环与跳跃，只有一种掌控感的爱情往往会失去足够的弹性和回旋的乐趣。我想说的是，人人都需要成长的。只有心与心的交流，才是幸福的关键。女孩真正应该商量的对象，是自己的男友，告诉他她的困惑、痛苦和彷徨，告诉他她对他的需要，让他明白她的处境。也许她会担心这会“惊”到他，但这的确是他们之间的问题，不是她个人可以解决的。她需要和他商量，商量如何满足彼此的需要，他需要她怎样的帮助，她需要他什么样的爱。

很多时候，人们都把两个人的问题当成一个人的问题，因为害怕出问题而隐瞒了内心的痛苦，失去了沟通才是一切痛苦的根源。

我们需要学习的，不是如何去选择一个更好的男友，而是如何选择一个更好的自己。当然这些都是治标的，我们需要学习的是如何才能在大好年华里放松地活着，如何才能“得饶己处且饶己”，求求你，放过自己吧。

卢悦解“毒”

爱是永远无法量化的，太完善的要求就会有太失败的爱。

幸福需要善待自己，提高对自我内心价值的认知。

第三章

“百毒”不侵，成为爱情高手

LOVE

NO.3

真正和一个人发展深度情感关系，以及和自己的这种不稳定感觉在一起，这是一个逐渐发展的过程。我们的情感就像一个孩子，或者一枚种子，我们无法拔苗助长，也不能任之荒芜，它也许需要一个适宜的安全的环境才能真正发芽和长大。只有这个孩子真正长大了，我们的爱才真正具有能力穿越风雨，抵达彼岸。

当“小坏”遭遇“大坏”时

——过度的压抑与放纵，都是在爱上“撒盐”

《一千零一夜》的开头讲，古代印度与中国之间有一萨桑国，国王山鲁亚尔非常残暴，每天都要娶一个老婆，第二天就要杀掉。正在这个国家的所有漂亮女人都胆战心惊的时候，宰相的女儿山鲁佐德挺身而出，自荐做国王老婆，她要以一己之力来拯救天下所有美丽的女人。她有什么？有的不只是羞花闭月之容，她再美，也无法活过第二天，但她有一个好办法——她会讲故事，每夜讲到最精彩处，天刚好亮了，国王被故事吸引，允她下一夜继续讲。她的故事一直讲了一千零一夜，国王终于被感动，与她白首偕老。

这个故事告诉女人两件事：一、女人的美是要有附加值的，没有附加值，再美好的身体和容貌也吸引不了男人；二、女人要会讲故事吸引你那个男人，床上不只有性而已。

像这个娶老婆第二天又杀掉的国王一样，有些男人会有一些“怪癖”，很难改变，正是这与众不同之处，让他们和其他人区别开来。比如有的男人喜欢开灯睡觉，黑灯感觉不踏实，睡不着，而妻子偏要关灯，认为这浪费电，结果他们总是争吵，每晚为灯而战，最后女人不管了，自己睡一个房间，没想到黑夜里男人偷偷钻进她被窝，久而久之男人对灯就不感冒了。还有一个女人说起她和丈夫长达四年的战争是怎么结束的——她无意中看到了网络上的一篇关于星座的文章，她觉得简直就是以她丈夫为模板写的，她终于明白，原来她丈夫就是这个德行，她要做的就是因地制宜，顺其自然。接下来，她不打算改变丈夫了，她决定根据他的这种典型性格来制定应对之规，结果他们的日子从此进入“太平盛世”。

然而有些男人的“怪癖”已经让女人无法用星座这样的说法合理化了，该怎么办？

孟欣和男友认识一年多了，男友39岁，有家室，而孟欣33岁，刚刚离婚。她是一个很向往家庭生活的女人，很想有个疼她爱她给她温暖的男人。

和前夫的七年婚姻里，孟欣几乎是一个人度过的，那时前夫在国外留学，这期间生活的压力、一个人的孤独，让她几乎崩溃，做了很多傻事、疯事——和许多男人有过关系。夜里她用这样的方式排遣寂寞，寻找寄托，白天她又是一个工作认真、热情开朗的女人。

就在孟欣的生活几乎要走向绝望和崩溃的时候，拯救者出现了。他几乎用一句话就俘获了她的心。他说自己被她明朗的眼睛所吸引，他相信她应该是个优秀、自信、开朗的女人……

当然，她在心动之余，还是有所戒备的：这个有家的男人之所以主动热情就是想要占便宜而已，她见过太多这样的男人了。然而和他认识以来，他的认真、诚恳渐渐让孟欣确信他的诚意，而最终，她喜欢上了他。

可就在他们相处两个月后，她渐渐把自己的不堪往事告诉了他。他是一个金牛座男人，比较大男子主义，用自己的爱呵护着她，但跟很多男人交往的事，以他的性格接受起来有些难度，他只是硬生生地去接了。他说他喜欢处女座女人的坦率，让她如实地讲这些过去的事，当然他还是不明白为什么她会这样做——骨子里浪漫的女人很难懂。

她坦白了过去，他也宽恕了她的过去，他们有了一次难忘的性爱。她为他的宽容大度而深深感动，但是渐渐地，孟欣开始发现，床上讲她的过去开始成为他们的“前戏”。男友要她好好讲过去那些她深以为耻的“堕落史”，而且还要她讲非常细节的地方，她觉得很紧张也没有兴致了，但男友开始对她的故事“上瘾”了。而且男友还告诉她，她的故事让他觉得很刺激，她的故事因为讲得太多了，没有新意了，男友就认为她还有所隐瞒。她真的很厌倦拿自己伤口当做娱乐，为此他们没有少吵架。可是看起来男友已经形成了习惯，有些改不过来了。

后来她就刻意回避这个话题，可是如果不提，他们之间就好像没有意思，怪怪的。

男友很委屈，说他的要求很简单，为什么她就是不愿意讲呢？他的逻辑是，如果你真的爱我，就自然应该以我的开心为开心。男友又很苦恼，他自感为孟欣做了太多，可她做的又令他不满意。与原来经历的人相比，他没觉得自己有多特殊。他很害怕自己付出感情，会像她故事里的那些男人一样，收获的只是失望和伤害。他甚至想让她寻求心理咨询，让人评评理，孰是孰非。

她该怎么办？像那个宰相的女儿山鲁佐德一样给这个爱听“脏故事”的男人讲那些“荤故事”，讲它个一千零一夜吗？

如果她坚决不给他讲，那这个男人也不会杀掉她，但也许会杀掉他们的爱情，她觉得如果因为这个原因分手很不值得。如果他不能改变，她该怎么做呢？

要我说，这个男人确实有些怪癖。在床上，我们会有各种各样的满足需要的方式，没有什么对错，只有适配性（除了杀人魔这样的案例）。孟欣的男友喜欢听她过去的“荤”故事，这样的事情比较“刺激”他，这是他的一种性的需要，而对她而言，她却不能接受这样的方式，它让她没有兴致和紧张，她的心里很不爽。

为什么这个男人会如此酷爱她过去的“风流”生活？也许他觉得和一个性经验丰富的女人在一起，会有一种畅快淋漓的释放感；也许他喜欢她感觉羞辱时的那种“我见犹怜”；也许他感到对关系的恐惧，所以他要掌控她的过去、现在和未来；也许他想树立一种拯救者的姿态，去拯救想要“改过自新”的她。

如果你愿意，可以说上一千零一夜，无数个合情合理的理由都可以说出来，但我们要知道如果一个男人有家室，那么他到外面寻找女人，想要的是什么？一个常见的理由就是他们感觉到家庭生活令他们窒息，太常规、太正常、太一本正经了，太主流和意识形态了，家里的太太的红旗太完美了，所以他们需要一个中规中矩的让他感到有安全感的女人为他掌舵，同时又去寻求一个让他感觉到新鲜刺激的女人，供他满足一些疯狂的幻想和释放。一个守卫他的大后方，一个随他四处冒险，他的世界分裂为两极，一个是安全的、常规的部分；一个是冒险的、挑战的部分。总之他是要在这段感情里寻找一个片段，而这个片段的基调就是与他的平常生活有所不同。

那么为什么女人无法接受这种“荤故事前戏”呢？

可能会有三个原因：第一，它带来一种羞耻感。孟欣形容自己的过去有很多不堪，谈论它们会让她感到更多的耻辱，而将这些故事告诉他，也许会有一种在大庭广众之下身体暴露的尴尬和窘迫。第二，它使孟欣害怕，当她不断讲述过去的“风流”时，她可能会害怕自己在他心中的形象会变成一个“淫女”。她既无法认同自己，也让她觉得在他心中掉了价。第三，他一再要求她这么做，会让她有自己好像不被他尊重的感受，也许更重要的是，似乎他们的关系必须要靠这种“猛药”才能兴奋下去，那就太畸形了。

这就出现了一个矛盾，两个男女发生了婚外情，他们为什么相爱？也许因为他们太相似了，或者说，他们的爱是典型的中国式的乖孩子的爱情。往往那些家庭的孩子长大了，会变成这个样子，一边过着非常符合一切主流社会形态的生活，一边对那些边缘的、不合常规的生活充满着潜意识的憧憬。如果你从小就是一个优秀的孩子，那就意味着你丧失了做坏孩子的权利，你没有机会体会到堕落的快感，没有办法让自己变得肮脏，没有办法体验什么是坠落的恐惧，这对他们是禁忌，也是一种无法遏制的诱惑。因为人皆有阴影，而主流文化却是有些洁癖的，不允许你有“私字一闪念”，极度压抑欲望的结果，是让这个弹簧变得非常有张力，一旦时机成熟，就会疯狂弹起来，变得不理性。

比如孟欣渴望普通的家庭生活，白天是个非常主流的女人，但夜晚就化身为“妖精”；而这个男人想必也是一个循规蹈矩的男人，但到了床上就像是“吸血鬼”一样，以她的伤痛为美食，不顾她的痛苦，而要求她牺牲来满足自己的“意淫”，其实就是一种精神上的“强奸”，双方关系变得压抑，迟早会出问题的。

这么说似乎将这个男人贬得一文不值，但其实这个女人之所以配合他说下去，还是因为两个人都有相似之处。如果一个女人无法接受自己的“堕落史”，原因是什么？她堕落的原因只是因为寂寞吗？当一个人寂寞的时候，会有很多选择，但她选择了和很多男人发生关系，似乎是一种“过度补偿”，就像是一个饥饿已久的人，来到了熟肉铺，猛吃一顿。她在这段感情中想要的是什么？她又为什么要在这个男人面前讲出来？渴望他能够把她从过去的“罪孽”中拯救出来？还是希望他能够接纳她的过去？

在某种程度上来说，“不洁感”往往不一定是一件痛苦的事情，很多人往往是从痛苦中找到快乐的。对那些一直活得太干净的人来说，玩泥巴是一种快乐，这样可以让他们的生活变得平衡一些，或者说他们的故事成为释放他们的禁锢、阴影的好的“容器”。

“荡妇”和“淑女”、“拯救者”和“自卑者”的游戏，是很多男女都喜欢玩的游戏，只是如果玩多了，副作用就是：他们一边痛并快乐着，一边又苦不堪言——而最重要的是，如果她拒绝他的需要，她害怕他会离开她。

或者说，他们的爱渐渐被这个游戏侵蚀，最后他们发现，这个游戏已经成为他们感情中仅存的有乐趣的部分，这就是一个成瘾者的游戏——中“毒”了。

我想说，在某种程度上，他们过的都是这种两极化的生活，讲荤故事不是问题，问题是他们对自己内心两个完全相斥部分的态度。长期以来，很多从小就很规矩地长大的孩子们从父母那边学会了最熟练的一招，就是如何对内心的某些部分“赶尽杀绝”，但我们如何才能杀死自己？于是矛盾冲突由此产生，连绵不绝。

我的第一个建议就是：要明确，这的确不是一件小事，而是你的态度问题。荤故事不可怕，可怕的是，男友对爱的定义：我亏了，你要补偿我；或者说你要赎罪，我要惩罚你；你爱我的证据就是服从我；以我的感觉为感觉，这才是爱。这都是一些狗屎说法，其实一个人在爱情中做的往往是当年他深恶痛绝的事情，什么是对爱最大的嘲讽？那就是假借爱的名义来伤害自己和别人，侵犯别人的边界，强奸别人的感受，要求对方将自己的感觉放下，将自己的感觉放进对方的脑子里。

在机场上，我看到一个孩子喝水，妈妈给他带的是保温壶，孩子喝了一口，说很烫。妈妈喝了一口，说不烫，于是再将水壶塞到孩子手里，孩子皱着眉头喝了。

这个场景让我想起了“感觉植入”这四个字，如果这个孩子长期生活在“感觉剥夺”的环境中，那么他长大后一定会以践踏别人感觉作为爱的定义，尽管他自己也深受其害。

那么我倒要恭喜一下为此苦恼的人，因为一个人一旦苦恼，说明他必须有所改变了，或者不得不变了。那么，如果我们要让爱维系下去，第一要做的就是保护好自己，如果你保护不好自己，被别人强奸思想，你的爱情也免谈，靠自我牺牲是得不到爱情的。

爱情之事无小事，规则高于一切，爱情不是受苦，爱情是享受，如果你不能在爱中有享受，而是要付出代价，那么这个爱情就需要重新梳理。爱的底线是尊重，没有尊重，一切免谈。尊重什么？尊重的是我们的感受，边界感和自我保护是一个人能在情感中幸存的武器，很多爱情就是死于这两者的缺失上。因为爱情之所以吸引我们是因为它是一个增值服务，而非不断互相侵蚀的过程。然而可悲的是，我们总是情不自禁地将童年的伤害在自己和自己深爱的人身上重演，也许我们在通过这种方式向自己或者伴侣“呼救”——是时候终止那样的恶性循环了。

我的第二个建议就是：如果我们得不到对方的尊重，往往是因为我们不尊重自己的选择。我们可能不会认同做错事的行为，但我们需要理解乃至谅解做错事的动因，我们要了解是什么让我们突破了那么多界限“勇往直前”？也许原因不只是“寂寞”两字就能混过去的。不能宽恕我们自己的时候，我们往往邀请别人宽恕我们，但我想说的是，如果我们不饶恕和放过自己，那么谁也救不了我们。

过于极端的人，往往容易失衡，就像钟摆一样，当你在一端摆动过大的时候，往往它下一刻就会出现在另一端。当我们很猛烈地反击我们内心的一极的时候，往往就会受到强烈的反作用力，其结果是南辕北辙。如果我们谁都不做淑女，也不做荡妇，谁也不做受害者和拯救者呢？我们做一个停止的钟摆，摆在中央，我们的生活不用摆动那么大，而是有波澜，做些小小的摆动。我们可以让我们的床上和床下、白天和黑夜都有些“坏坏的、脏脏的”色调，平静的生活中经常来点小刺激，其实也挺好的，水至清则无鱼嘛，不要那么泾渭分明，过于极端。如果我们将两者混合起来，变成鸡尾酒，也许我们的矛盾冲突会少很多吧。

我们可以“头脑风暴”一下，我们如何在每时每刻都犯一些“小坏”，做一些小错事，这样我们就可以不用过那种“火山喷发”的日子了。

卢悦解“毒”

“爱人”的身份，只能得到一个“爱奴”的待遇。

如果我们不饶恕和放过自己，那么谁也救不了我们。

被男人伤害了，也想命犯桃花

——多情与情不自禁是“中毒”的表现

爱有千万种，其中有一种名曰：吞噬式的爱。这种爱有点儿像癌细胞的扩散，它有出色的吞噬其他健康细胞的能力，一旦繁殖起来，任其发展的话，往往会导致爱的机体彻底死亡。这是一种充满毁灭意味的爱。

你也可以称之为“寄生之爱”，或者说“吸血鬼”式的爱，这是一种无根的爱，自身无法存活，而必须靠其他人才能活下来。

你头脑中会出现什么?《倩女幽魂》?《夜访吸血鬼》?

不要想得那么恐怖，因为我们每个人都曾经历过这个阶段，那就是我们从成为胚胎到成为婴孩直至18岁长大成人，走上社会之前都是这个状态——我们必须靠其他人的“精血”活下来，我们没有进食能力，而必须靠其他人的喂养才能长大；我们无法养育自己，而必须靠其他人养育自己。

我们长大的过程，恰似逐渐拥有“造血”功能的一个经历，一开始我们纯粹是由别人的血变成的；然后有一部分是自己的血，一部分是别人的血；再到有些贫血，但基本上能活下来；再到血色充盈，“血气方刚”的健康状态，这是一个相当长的阶段。

在这个漫长的发展链条上，有些人因为种种缘故掉队了，或者脱离了我们这条“自我供血流水线”，停留在某些发展阶段，将某些功能过度发展了。

比如，有人停留在纯粹由别人供血的阶段，这样的人往往会发展出一身吸血的本事；有人停留在一半是自己的血一半是其他人的血的阶段，这样的人往往发展出一种自我矛盾的混淆状态，因为自己的血和别人的血往往会发生“排异反应”，所以经常会发生激烈的矛盾冲突；贫血的人，往往处于某种虚弱的状态，而在情感中处于回避的状态，但起码懂得如何保护自己了；而气血充盈的人，就是自我功能比较好的人，他们是真正“自在”生活的人，他们可以实现真正的血液循环，可以自我实现新陈代谢。

我们每个人的能量都是差不多的，但几乎每个人都是“偏才”，也就是说，我们不是面面俱到。如果你看到过树林里的树木就会发现，几乎所有树都会按照阳光的照射来调整自己的生长形态，争先恐后地竞争着有限的阳光资源。

我们也是这么长大的。爱往往不能均匀或者足够和必要地洒到我们身上，于是我们开始扭曲自己的很多行为，形成一种适应某些环境的能力；而靠这种能力长大的人，往往会在某个时刻做出某种特别的行为，而这不能那么有效解决已经升级为成人阶段的问题。

当你看到一个人在爱中非常激情澎湃、舍生忘死的话，这往往未必完全是一件非常好的事情，在这种热情后面有时会有一种绝望和冰凉。如果一个人的热度用在寻找热源上，往往就说明他们内在的热度不够，内在的生命力不够健旺。

这种热度有时会显得非常强大，强大到几乎可以穿越一切障碍，没有距离和边界，同时也充满侵略性……

Vivian是一个白领，她有一个男朋友，他们一起已两年了，每当要面对结婚生子的问题时，她就觉得自己还不够成熟，没有做好心理准备。

她和男友两情相悦，他们都属于性格单纯的人，在一起很轻松也很舒服，甚至很少争吵。然而男友常驻国外让Vivian的生活有了空窗期，于是当年那个四处寻情的她又似回来了。

Vivian觉得自己是个温和的人，很容易感受到别人的善良，所以很容易喜欢上一个人，这是她对自己很轻易就“爱”上一个人的解释。有时，她也怀疑自己是不是心理不正常，似乎她对外界的异性总是抱着一种好奇感，总想琢磨他们，想和他们成为好朋友，跟异性相处对她而言似乎比跟同性相处容易许多。

当然，她很希望自己是一个忠诚专一的人，但自从被一个人狠狠伤害了以后，她变得不再轻易相信男人，似乎自己本性中的“花心”潜质也被开发出来了。

Vivian无法分辨异性的奉承是否出自真心，有时候也无法辨别友谊与爱情的界限，她对自己身边的人总是充满了感情，一旦他们要离去，她会觉得内心异常痛苦。她真的想知道该做什么才能获得内心的宁静，她常常觉得心里有一个洞，有种被掏空的感觉。最近情绪一糟糕，她就会生病，无法工作，她不知道该如何面对这种情况，更不知道她的这种“开放”状态什么时候才是个头，什么时候她才能接受婚姻呢？

每个人对待爱的态度是不一样的，但什么才是比较健康的爱呢？我的观点是，如果你对爱不上瘾，那就是相对健康一些的爱。如果爱情成了你的空气，成了地球引力，成了你的血液，成了你全部，你生命力的来源，那么这种爱往往是非常脆弱的，或者说非常有毒性的。

当然，我们都会有上瘾的时候，只要它没有破坏我们的生活就可以，那叫做嗜好。爱情如果是我们的选修课，不是必修课，一门挂红灯，我们照样可以毕业，我就认为这是健康的爱。

这就是孔子所说的“乐而不淫、哀而不伤”，取其中和，不是一种强迫性的需要，而是一种“自发”以及“自在”的需要，是一种追求更好境界的需要，而不是一种生存和救命层面的需要。

对 Vivian 而言，她的故事在我看来，大概由三个词组成：“花心”、“边界”和“空洞”。她一直很想不“多情”，可却总是“情不自禁”，看上去，她似乎非常需要来自异性的倾慕和温暖，她无法区分什么是爱，什么是友谊，她甚至无法面对分离，难舍难分。关于爱的边界，她不甚了解，也无法区分。

“花心”

什么样的人会有花心之嫌？其实我们每个人都曾“花心”过，当婴儿在五周至四个月时候，他的微笑是无选择的社会性微笑——对熟人与陌生人都可以报以微笑，而不加区分。这里的社会性微笑不是我们想象中的“应酬”性的微笑，而是说这个孩子没有分辨力，或者说此时他必须发展一种能力。因为此时对他来说最重要的是活下去，所以从进化的角度来说，他必须从任何一个可能的能量来源点获得生命延续下去的力量，如果他在这个时候心有所属的话，危险性会很大。

从婴儿六个月到一年左右，婴儿会进入“怕羞期”。所谓的“怕羞”其实就是一种“分别心”，当婴儿找到了长期供养的一方后，他开始要维系住这个关系了，所以从进化的角度，他必须要有侧重地发展一份长期的关系了，或者说这时候的亲密关系开始从表层向纵深发展了。

那么对应着的，如果一个人成年后，成了一个很花心的人，这有一种可能性，那就是可能他无法在一段关系中稳定下来。或者说他的情感层次比较浅，无法发展深度的情感联结；或者说也许他在早期“社会性微笑时期”的抚养关系出了一些问题，导致他在过去曾出现过一些混乱。比如一个人如果从小是吃“百家饭”长大的，他就往往需要建立起一种能力，那就是他必须随时准备“出发”，随时准备撤离，那么他就没有一个稳定的客体可以依恋，他的神经会经常紧张着，预备着“下一站”。

我注意到Vivian提到了被一个人伤害后，她就开始出现身边不能缺少男人的倾向，这说明她的人格结构还算完整。但是情感的一大风险，就是它可能激发或者说唤醒幼时被包裹得还算严实的伤口，这个伤口再次被情感从深水区带上了沙滩，好像穿越了时空，一切仿佛重演。或者我们可以不这么宿命地理解，而是说我们每个人都有一种“暗在”或者说“潜流”，这个潜流就是某种趋势，这个趋势的运行是向着更整合的自我发展，这就是我们所说的“善”，尤其是对自己的“善”的完整的追求。你可以理解这个“善”为自我价值的完整，也可以理解为人与人之间心灵交会那一瞬间的融合感。但总的来说，我们所有人都走在这条路上，即使杀人犯也是这么做的，当然，他是南辕北辙的，没有一个杀人犯愿意承认自己是个坏人。

“边界”

一个没有稳定客体可言的人，很难建立边界感。如果一个小孩从小总是发现自己爱的对象是在变化的，那么他为了活下去，就必须发展一种能力，那就是他必须要让自己的边界比别的孩子还要开放。一个害羞的孩子是有边界感的，他可以躲到大人的背后，用沉默寡言来保护自己；对没有边界的孩子来说，拥有边界反而是一种危险，因为经验告诉他，过度忠诚于一个爱的对象，会让他的下一站很痛苦，他可能活不下去。如果你到孤儿院参观，就会发现，那些小孩子往往会扑上来要你抱，他们会不顾一切地寻求温暖，不管是谁的；而一个有父母的孩子不会无缘无故地要一个陌生大人抱的，因为他不缺，而且他有了足够稳定的关系，所以他是有边界的。

“空洞”

看起来，Vivian 总是需要很多很多的爱，乃至无论多少爱都无法真正满足她，因为她的内心是空的，即使被某个人深深伤害，也“乐此不疲”，这是一个典型的情结。所谓情结就是她一生的命题，她试图通过一个个男人来解决它，但最后却给它赋予了越来越多的能量，饮鸩止渴。这在心理学上叫做“未完成事件”，而被此困扰的人，在心灵的镜子中就是一些冤鬼，如果它们的“冤屈”

没有得到伸张以及化解，它们是无法安息的。

像 Vivian 这样的人，他们看上去似乎无法自我成活，就像一个婴儿无法离开母体一样。在身体层面他们已经长大为成人，但在心灵层面，在情感世界，他们却像一个婴儿一样需要怀抱。他们不是没有生命力，而是将人生的所有能量都用于寻求外在的热源了，而由此才消耗掉自身的力量。

因为内心的重心不足，他们生活在日益空洞化的内心幻觉中，这是一种不稳定的状态。由于这种能源无法真正一劳永逸地解决，他们当然也就无法真正宁静下来。这是因为他们解决的都是表层需要，而内心某处的遥远伤害没有真正解决，他们甚至已经忘了它的存在，但它却通过让他们一次次受伤提醒它的存在。

我想说，将生命力虚耗在寻求外在力量的人们很可能无法面对独自一个人的生活，当需要有人来陪，面对自己时，这是一个悖论，也是一个循环。一个已经延续了多年的循环，它也可以一直这样循环下去，只要我们的身体依然可以支撑，它就不是一个问题。老实说，这取决于你身体的承受力，大多数人不会真正珍惜自己，直到有一天，我们的身体告诉我们：你撑不下去了。

这时，我们就必须要改变，没有人愿意改变，这就是人性；而我们又必须要改变，这是进化论。Vivian 这种攫取式的爱，其实只有自己，而没有提到她所交往的男人的感觉和情绪，仿佛这些男人都是一个个人偶。

对不起，这是人和人的游戏，而不是“魔兽争霸”里的打魔怪积分游戏，那是一个个活生生的人啊！她很少提及，这说明一个可能，那就是她的一段段感情都只是自己的游戏，而且她很少能感知到对方的情绪。

如果一个人在情感中缺乏共情的能力，就像一个人无法用一条腿奔跑一样，我们有时看似在跳双人舞，但其实只是在和自己的幻影共舞而已。

男人是无法收集的，我们大多数人都这样的：都试图用不去真正解决问题的方式解决问题，这是一个悖论。如果要解决问题，也许要从开始真正能够感受对方的感受开始，真正和一个人发展深度情感关系，以及和自己这种不稳定的感觉在一起，这是一个逐渐发展的过程。我们的情感就像一个孩子，或者一枚种子，我们无法拔苗助长，也不能任之荒芜，它也许需要一个适宜的安全的环境才能真正发芽和长大。只有这个孩子真正长大了，我们的爱才真正具有能力穿越风雨，抵达彼岸。

卢悦解“毒”

爱情是需要有热度的，热度不够，爱情之花也不会太繁茂。

一个人在情感中缺乏共情的能力，其实只不过是在和自己的幻影共舞而已。

摇摆的爱情，就是琢磨不定

——克制是种美德，左顾右盼会得不偿失

何谓回头草？当年的“鸡肋”，现在的“宝贝”。当初的离开，今天的回头，恰恰成为一对矛盾。回头之难在于曾经有的伤害，而且回过头来，还是要面对当年让你离开的场景，当你再度回归的时候，你是否准备好了？你是杀一个回马枪还是飞蛾再度扑火？

安娜现在非常痛苦！她有一个男友，和他在一起很开心，很轻松，很自由，他对安娜也很好。但想到未来，她就一直很痛苦，原因是男友的身材不高，跟她在一起不搭配。对此，她一直都很在意，可要离开他吧，又舍不得，她一直在纠结。其实在他们恋爱正热时，安娜曾经遇到过心目中理想的人，算是出过一次轨，后来男友原谅她了。现在的男友，她也带他见过自己的妈妈，但她妈妈极力反对，原因也是身材。为此，安娜很难受，她平时就很介意别人的眼光，更别提自己的家人了。在犹豫和徘徊中，“终于”她的一位男同事出现了，追她追得很紧，她也是情投意合……不久，她就和矮小的男友提出分手。

男友很难接受这个事实，找到她同事谈话，并且用她曾经出轨的事情威胁她……她很痛苦，甚至后悔和这样的人一起谈了三年恋爱，但和男友分手后，她又开始想念他的好。

三个月后，风云突变，安娜的同事，也就是新男友说和她不合适，提出分手，安娜感觉自己又一次被戏弄了，感觉命运是那样不公。她后来才知道，原来是新男友有了别的女孩，他也是一个脚踏两只船的人……

现在安娜开始想原先的男友了，想起他对她的好，可碍于面子，没有脸再去求前男友回到她身边，毕竟是自己出轨，并提出分手的……直到最近，安娜终于鼓足勇气和前男友又继续联系了。可时过境迁，听说前男友喜欢上别的女孩子，她的心一下子就空了，有些崩溃。她很后悔自己的“愚蠢决定”——在乎他的外在形貌，失去一个那么爱她的男人……她想求他回来，但是又怕自己再次后悔，陷入“鸡肋”的痛苦中——万一以后还是会伤害他怎么办呢？但不去求他，又怕就错过了这么一个好男人，纠结……

也许对安娜而言，她这个不太满意的男友好像是她栖息的最后一块陆地，也许她隐隐觉得那位矮小男友一直可以像“望夫石”（这里应该是“望妇石”）一样，成为她的感情后备胎。所以当他不再是自己安稳的“大后方”时，她就“崩溃”了。对她而言，爱情和背叛的矛盾是可以画等号的，吃着碗里的，看着锅里的，丢了锅里的，碗也打翻了……

这样在感情中总是徘徊的女人，往往会在情感中有一个模式：

她们的标准是模糊的，游移不定的，完全由情境决定。比如安娜，三个月前她几乎否定了自己前三年的恋情，现在他又成为不可错过的好男人，前男友有不可置疑的好，同时也有永远无法改变的缺点——矮，使得她一次变心，又想吃回头草。

看上去，似乎安娜的最大问题在于无法将前男友的优点和缺点融合在一起，所以她只有“分裂”地和他在一起，她内心的一部分无法真正完整地接纳他，另一部分又无法真正离开他，所以她欲走还留，矛盾重重。

先说“嫌弃男友”的那部分。她是一个“很在意别人眼光”的人，往往在情感中是一个“外控者”，也就是说在感情中，他人的观点重于她本人的需要。这样的人不妨多问问自己：你在意的有多少来自你自己？

是什么让一个人如此重视外界人的看法？为什么个子矮会给安娜带来如此灾难化的后果和联想？在现在的社会上，个子矮的人，真的会遭遇到其他人的歧视吗？因人而异。“个子矮”这件事对安娜而言就像是一个魔咒，或者说是一个隐喻，它就像一个盒子，里面藏着一些不为人知的故事或者情节。

但无论如何，当安娜在情感中过分重视他人观点（而且是臆想中的他人的视角），就会追逐他人所谓的“大众情人”的目标，就像普天下女人都恨不得把自己的脚盲目地塞到灰姑娘的水晶鞋里一样，而适合自己的却被弃若敝屣。这些道理每个女人都懂，但为什么还“乐此不疲”？因为安娜妈妈这样的人对他们的关系极力反对——妈妈的观念起了决定作用。

必须说一句，中国现在的一代也许是有史以来最恋家最恋母的一代，因为任何其他一代的小孩都没有这么多时间和母亲相处。于是很多“外控者”纷纷出现，他们追求完美的目标，甚至包括婚姻对象也要符合父母“面子”的荣耀，说到底，他们一生的努力也许就着落在讨好母亲和父亲上。这些人相信：只有父母高兴了，别人开心了，自己才能开心。除非他们认识到父母和他们之间的边界，真正成为独立的自我，才能从自己出发寻找自己的归宿。

再说无法真正“离开男友”的那部分。往往内心有冲突的人，会将自己的冲突投射到外面的世界，例如安娜，她往往就会在现实中重演内心的冲突，于是“被玩弄”的事情会反复出现。是什么让她在情感中总容易被玩弄呢？有一种解释：因为对一些女人来说，如果自己的幸福感来自周围人的评价，那就不会太稳定。当他人给她较高评价的时候，她容易树立起比较高的自尊，喜欢和对方在一起，这就给一些“感情骗子”以机会。而当大家对她的评价和她预期的不同时，就会有大量的情绪出现，这时她就极可能出轨。另一个解释就是：实际上这样的女人很难和一个条件比较好的男生发展一种长期关系，因为自我不稳定，无法确定对方是否真的爱你，她们往往做出种种试探考验对方的行为，以让自己安心。这最终让对方也觉得她的确不值得爱，于是他们会再次通过“磨合”确定自己是否值得爱，如果不值得，那又是一次分手，安娜和同事三个月的感情就是这样……

解释有千万种，关键在于这样的女人对于情感这个游戏，一向都有比较强烈的挫败感，她认定自己无法在情感游戏中胜任自己的角色，于是只能安于和一个“条件”不如自己的男友的“现状”。

我想说，那些恋爱总是失败的女性，其内心是摇摆不定的，根源在于：既需要一个男人不如自己，又需要一个男人让她们踮着脚才能够到，同时她们又无法真正满足于任何一方。因为这两类男人都满足她们内心的一部分需要，也就永远无法完全满足她，到头来两头都捞不着，不是吗？

该怎么办呢？这样的女人内心两部分是如此分裂和冲突着，对她们能真正地安定下来这个前景是不太看好的，如果匆匆结婚，那么离婚也会很快。因为男人会怀疑你只能不停地折腾下去，他也耗不起，除非男人能容忍一些所谓的“不忠”。对于这样的女性来说，克制是一种美德，不应做一个感情的洁癖者，不应要求两全其美，左顾右盼，否则你只能成为钟摆，在两个人之间摇摆，最后一个都不会有着落。

如果真的想摆脱伤人伤己的循环，恋爱中的女性们，首先要面对那个不停否定自己的你，如果能建立一个稳定的自我，就不害怕新的感情的风险，就会更能倾听自己的内心。其次，你要接受一个现实：没有一个完美的男人等着女人去爱，别人的眼光不等于自己的幸福，如果一个女人拼命向他人证明自己是幸福的、优越的，只因为她们相信一个咒语：我是不幸福的。再次，体会你的恐惧和不安全感。一直以来你的人生都是围绕着这样的感觉而旋转，你的全部努力都是想要逃避它们。从现在开始不再逃避，面对这些恐惧，体会这种恐惧。你最大的恐惧不是恐惧，而是对恐惧的恐惧。一旦这一关过了，你就会发现风险没有那么险，伤痛没有那么痛，一切都是自己吓自己。

卢悦解“毒”

我们总是很在乎别人的眼光，总希望那个他完美，于是，自己心中摇摆不定，最后的结果总是伤自己。

曾抛弃自己的男友，想吃回头草

——犹豫害人，不接受就彻底分手

前面说吃回头草的女人，该怎么办。现在我们又该想想：如果你就是那根被吃的“回头草”，男人想要回头了，你该怎么办？很多人说，“放下，别理他”。可没这么容易，这么说的人全然不知女性是感情动物，而且又是作为旁观者发表意见，只有落到自己头上，才会发现选择起来的困难。

我觉得，如果你真的要重回一段感情，那么首先要看看你们的伤口好了没有，看看对方是否真心诚意，是否只是又拿你当成寂寞的过渡，一定要谨慎决定。很多人好了伤疤忘了痛，甚至在没有好利索的时候，就匆匆回到了情感的赛场上，结果旧伤未愈，新伤又增，说起来还是自己太痴情、太用情。

有人以为用感情可以治愈感情，这是真的吗？其实这是毒药，具有两面性。

紫薇和男友相爱六年了，但这些年来，男友的父母从未放弃反对他们在一起，他们嫌紫薇在单亲家庭长大（和母亲生活），认为她的性格会不好。面对父母的压力，男友一度犹豫过，试图放弃紫薇，并且好多天不联络。察觉到男友的游移，紫薇觉得寒心，和男友大吵一架后，闪电般地接受了另一个同学的求爱。半年后，冷静下来的紫薇才知道谁都代替不了前男友，就主动回到他身边，一段时间后还怀上了孩子。然而情况不妙，男友提出分手，坚持要紫薇打掉孩子，由此引发了他们第一次动手打架，之后他们再次分手。

不久后，男友在爱情上遭遇挫折，还受了骗，赔了钱，于是又回到紫薇身边。现在他们开始谈婚论嫁了，但他们将要住的这个房子让紫薇充满了痛苦的回忆：一想到他曾如此狠心打自己，离开自己，让自己一个人流浪在这个陌生的城市，她就恨男友；一想到他曾经做出过不要孩子的决定，她就无比心寒。

紫薇一直把男友当做她的亲人，可就是这个人，反复不定，把她当做“垃圾”一样扔来扔去，让她不敢相信这个世界上还有所谓的爱情。然而自己又离不开他，一旦远离他，就觉得远离幸福，心里不踏实；但靠近他，就靠近痛苦，担心以后他还会反复不定。她很是犹豫，不知道该怎么办了。

紫薇的情感很典型，因为她的两次分手都是同一个模式：第一，紫薇的情感看上去很脆弱，一旦外界出现压力，就容易出现问题；第二，两次分手后，既有紫薇的主动，也有男友的回归，两人真是不离不弃，但终究是男的狠心了点，而且狠得没骨气，又回来了。所以，她怨他，甚至恨他，可是依然离不开他。

在两性关系中，像紫薇这样的人，往往没有足够的韧性，或者说没有人教给她们足够的耐心处理情感中的分歧。她用“激烈的争吵——分裂——最后投降——回归”这一过山车式的曲线解决两性关系中的问题，实在是刺激，但受伤的心却是很难愈合的。

这是个什么游戏？控制与被控制的游戏，要挟与被要挟的游戏，这些游戏可以将你们成功变成绑匪和人质的关系，而不再是伴侣。

什么样的情感关系是永远无法分离的？恐怕只有亲情如此。而爱情或者婚姻却不是亲情，它是随时都可以分离的，如果你将爱情当成亲情来过，那么就会出现张冠李戴的状况，其结果是什么？

比如紫薇，在她和男友的感情成分中，或许有一些父爱的成分在里面，导致她不能割舍这份情感，更难于面对今后的婚姻。

如果你将爱情当成亲情，那说明你还是一个没有完成“分化”任务的小孩子。这个世界是靠“分化”而存在的，当一个精子和一个卵子结合后，会开始细胞分裂，没有细胞分裂、不断的分化就不会有生命的诞生。同样，人生也是由无数分化组成的，其中一个具有里程碑意义的分化完成于我们和原生家庭。我们将与原生家庭分离，这种分离不光发生在物理世界，还要发生在心理世界，这种分化的一个标志就是，我们可以用对待情侣的方式对待情侣，而不用对待父母的方式对待情侣。我们能从原来小孩子的角色中走出来，用成人的方式面对成人的问题，而不再试图将自己的世界还原和泛化为原生家庭。

那么像紫薇这样的人，该怎么办？首先要解决的是方法论的问题，其实紫薇解决问题的方式很典型，代表了很多情侣之间解决问题的方式：先忍，然后爆发，然后做出不理智的行为，然后在恐惧或焦虑等情绪的“威胁”下再次放弃自己的“尊严”而“讨饶”……

看上去好像是什么？

对了，非常像小孩子对父母的样子。先是因父母对自己的忽视以及某些强迫性行为而产生的种种不良情绪进行压抑，在压不住火的时候，就开始爆发，爆发以后害怕父母抛弃自己，又开始“讨饶”，这样的小孩子因为从小到大一直没有“打赢”父母，所以他们就要在自己的情感关系中继续这场永远打不赢的战争。这场战争之所以打不赢，是因为这样的关系好像是弹簧，先是压抑，然后释放，然后再次压抑。这看上去好像成了解决问题的方式，然而，问题其实没有解决，只是用发泄和宣泄来将情绪的脓挤了一些出去，而真正的病没有解决。

什么是真正的症结？那就是相信自己可以独自活下去的理由；不相信别人真正会爱自己，不相信自己可以真正掌握感情的主动权；一切都要靠别人给予，而无法为解决问题提供建设性的方案。

现在回过头来看，紫薇对房间的不接纳其实是一种象征，那就是她需要解决的问题依然还在那里，如果那些经历所造成的伤害没有解决，那么它会以各种形式提醒你它的存在。

然而讽刺意义在于：人们往往希望可以回避和迅速快进，以避免痛苦以及脆弱，但除非真正经历痛苦和脆弱，否则无法真正放下它们。

除非你真正下定决心，和对方真正面对你们一直试图绕开的问题，问题才能不再是问题。

解决问题的第一大秘诀就是开诚布公，你只有表白心迹，才能让别人真正理解你的心情。这个世界你没有表达，就不会产生理解，没有人可以天生具有超强的猜测能力，你只有真正告诉对方你的内心体验，对方才能真正在这个层次和你互动。

第一个建议：当有冲突的时候，你需要将自己的恐惧，以及自己在关系中的被动，告诉对方。你也需要告诉对方自己在关系中的种种困惑和迷茫。比如对紫薇而言，似乎她的男友是个客栈的老板，她想来就来，想走就走，他没有什么异议。难道她对此不好奇？他的情感到哪里去了？

很多时候，人们会花很大力气不让自己感到脆弱和伤痛，其实悲伤、恐惧、绝望和爱、快乐、希望一样都是人类重要的情感，否认和麻痹所谓的“负面情绪”对这些情感所造成的痛苦不会起到任何作用。压抑下去，只会让它们隐藏得更深，而破解起来更复杂，最后可能会藏到“病入膏肓”的深度，而问题却愈加严重了。

这些情感意味着你们的关系面临着一次重大的突破，你们需要真正探讨你们在这些事件中的感受。如果你们没真正谈过彼此的恐惧和脆弱，那么你们的关系可能会重蹈覆辙，坐失关系成长的良机，而进入下一个恶性循环中。

第二个建议：对很多女人来说，她们要看清楚自己对父亲的这种期待和补偿，和应该期待和补偿的对象。她们需要的是和父亲重新联结；如果父亲不可相见或者已经故去，可以把期待写下来，然后封存起来，让它有所归宿。不能表错情，我们对亲情的这种“滥情”，往往说明往日还有些让我们不能释怀的东西。那么我们需要觉察和检视那些亟待我们解决的伤口，那些伤口一直驱使着我们做很多事，现在是该解决它们的时候了，为我们过去的很多事进行哀悼就是一个很好方式。

第三个建议就是一个仪式，人类是靠仪式而给自己一个暗示，仪式往往代表着新的启程。很多时候，人们需要放下的时候，需要举行一些仪式，让内心真正做出决定。比如紫薇可以粉刷房间或者换一个房子，这不是逃避，而是一种仪式，这意味着她决心换一种活法，重新开始。

卢悦解“毒”

我们只有充分表达伤痛，才能治愈伤痛。

逃避无益，不绕开你们之间的问题，才能去解决问题。

要结婚时，却畏首畏尾

——爱情就像穿鞋子，合不合适只有自己知道

先说一个故事。有一天，柏拉图问老师苏格拉底，什么是爱情。苏格拉底没有直接回答，他让柏拉图去到麦田里找一个最好看的麦穗，柏拉图找了一天一夜，还是没有找到。苏格拉底问在麦田间郁闷的柏拉图："你还没有找到吗？"柏拉图迷茫地说："我找了很多美丽的麦穗，可是每个麦穗都有比别的麦穗好的地方，我选择了这个麦穗，就等于舍弃了另外一个麦穗的美好。"苏格拉底说："这就是爱情。"

为什么这就是爱情呢？因为爱情的任务是经历，只有经历了，才能真正理解爱的内涵。爱过方知情重，醉过才知酒浓。很多人的爱出了问题，可能就是因为几乎还没有实战演习就直接上了战场，那当然成了爱情的"炮灰"了。

只有经过爱情迷茫和困惑的阶段，经过了几次选择的碰撞，最后才可能会更明白自己到底想要什么。我们看到美国电影里，如果伴侣之间说"我爱你"的话，会让另一个人非常震撼。最开始作为观众的我也很震撼，因为他们是已经上床了N次以后，才说这句话。而在中国人的传统理念中，"我爱你"是说在上床之前的。

在我们看来，爱情似乎必须要有某种目的性，似乎都是为了婚姻而进行的。或者说那个无所适从的柏拉图，反映的是我们内心的恐慌：我们总是担心过这村没这店儿，对未来的消极的灰色想象，让我们倾向于压抑自己的需要，减低自己的高度，适应一个从小就为自己打造好的牢笼。这个牢笼号称可以提供安全，但其实要交换的是我们一生的作为人的姿态。

这个牢笼有时候会压抑我们的需要，有时又会给我们一双尺码过大的鞋，要求我们穿上前行。从小我们就被父母教育，要有各种各样的观念：孔融让梨，出门让座，熟读《三字经》，倒背《百家姓》，少小学奥数，老大哈佛生，出门有奔驰，回家住别墅，娶妻要名门，嫁夫无白丁……这些都是从小父母乃至整个社会教给我们的一套流水线的幸福观，如果我们遵循这样的一条流水线，我们的生活就会甜如蜜。我们希望，故事真的如同童话一样发生，每个人都那么完美，完美的人就要在一起。

必须说，幸好这个世界不是按照如此简陋的模式运作，所以爱情才会那么诡异，那么不可思议，永远让人猜不透，因为它不是按照我们的意志，按秤称出来的。

比如我们会“匪夷所思”地爱上不符合“幸福爱情模型”的那个人，于是问题就出现了，我们发现，爱原来不是试卷上的试题，没有天下普适的“标准答案”！

原来我们才是制定答案的人。这可是一个巨大的挑战，挑战在于我们以前一直是作为一个执行者的身份存在，而现在我们要成为一个决策者，并为我们的决策负责。

原来负责是如此艰难的一件事！原来有自己的主意是这么一

件危险的事情！

如果你有一个从大学起就开始热恋的初恋男友，现在相处已经七年，双方脾气非常合拍，契合度很高，感情也比较深厚，一晃已经26岁到了适婚年龄，那么你们想不想结婚呢？如果你有一段这样的关系，可能这个问题真的到了浮出水面的时刻了。

珍妮就处于如此“完美”的关系中，在她的视野里，结婚是人生关键的一步，走错了就不可逆转，尤其是对女人而言。虽然她和男友感情甚笃，但到了这个“节骨眼”上，她却有些犹豫，因为，虽然他们有感情，却没钱。男友家在农村，家庭负担重，学历不高，事业没有起步，社会经验不足，人又内向，做事优柔寡断，考虑问题没有思路……这些让她觉得他以后前途不容乐观。这可是个大问题啊！以后她一个人可撑不起整个家庭，她很清楚这一点。

珍妮知道，自己也有一些不足之处，比如性格比较好强，而且作为独生女，从小被家人保护，家务活儿她从来没干过。她不知道这些在他们未来的婚姻中能起到什么样的作用。

更重要的是，珍妮很害怕其他人对她失望，包括父母、同事、朋友，她非常希望能够得到别人的肯定。男友在这方面做得很好，也许这是她爱他的一个重要原因，在她心情浮躁时他能给她安慰、鼓励和到位的劝解，和他在一起她非常放松舒服，不用动脑，可以做真正的自己。

于是珍妮姑娘开始陷入一种艰难的取舍之中，放弃这段感情，放弃一个爱自己的人，以后是否还能拥有这么真诚的感情？她的强势性格让她对自己没有信心，她也做不到彻底忘掉他，很难再接受别人。就算重新开始，她已经26岁了，哪有时间去慢慢了解，而且已到这个年纪的社会上的男人，她也很难彻底了解和信任。

家人总说，贫贱夫妻百事哀，找对象就像买衣服，挑来挑去，其实穿上了，就那么回事，都差不多，感情好不能当饭吃，没有稳定工作以后怎么生活？她自问，是我要求太高了吗？还是我进入了哪个误区了？

人生大事，的确需要慎重。所谓鱼与熊掌不可得兼，珍妮遇到了两难问题，所谓两难问题就是各有利弊，难于取舍。

珍妮该怎么办呢？看上去好像有三条路可选。一是认命，知道自己没有那么大的福气拥有那么完美的丈夫，只有接受现实，穷也有穷的好处，富了说不定就属于别的女人了。二是扔掉，何必这么拘着自己？找一个性格好又多金或者有潜力的白马王子——人生难得一回搏。三是修改，虽然会有这样那样的顾虑，但自己可以有能力让生活变得很幸福，自己会寻求内心的平衡。

当然还有第四种，那就是占着碗里，想着锅里，表面上做了选择，但内心并未真正做出选择。比如选择了认命，但却不甘心，好像鸡肋一样，总觉得委屈了自己，抱怨就自然来了，很容易成为怨妇；又比如选择了扔掉，表面上抛弃了，但实际上内心不舍，以后单身时间长了或者情感生活不顺了，就想起他的好来，自责就自然来了，很容易成为一个祥林嫂，天天悔恨着；再比如选择了修改，把男友改造成一个伟男子，可是就是烂泥扶不上墙，男友不愿意成为另一种他自己都不认识的人，改来改去，面目全非，怒气自然来了，她很容易成为一个脾气暴躁的人，咬碎银牙也无济于事。

所以珍妮做不出选择，因为这是一个悖论。那么她必须要先接受他就是一个这样的人，他就有可能将来一事无成，然后在接受他现状的前提下，帮助他，在他自身努力下，成为他也想成为的那种人。

一般完美主义者会经常身处两难甚至多难困境中，因为他们想要的是彻底的完美。老实说，珍妮想要的结婚对象，这个世界上所有人都想要：有前途，家庭没负担，和自己非常有默契，情感很好。男人对女人要求是“上得厅堂，下得厨房”，女人对男人要求“上得殿堂，下得情场”。但很可惜，这样的男人大多是限量版的，抓到他们的概率几乎等于零！

卢悦解“毒”

一味地追求完美的男人，可能最后抓到的概率很小。

爱原来不是试卷上的试题，没有天下普适的“标准答案”。

沉迷于爱中，上瘾无法自拔

——把爱变成一个可提现的银行，爱就变味了

在你心中，爱是什么？在很多次讲座中，我都这样问大家，我发现会收集到很多关于爱的定义，然而在所有定义中，最经常出现的就是——爱是付出和奉献。

这个定义很有趣，有趣之处在于，在本质上，爱是一种充满占有欲的游戏，它的最终目标是拥有。然而，什么时候我们最感觉到爱呢？大家都有这样体会：一个是快要失去爱的时候，一个是当我们为了挽救爱而不停付出的时候，我们特别能感觉到爱的力量。

有人这样定义爱：爱是欲求不满，爱是得不到，爱是痛苦的。没有缺陷，不成其爱。若无阴晴圆缺，月不是月；若无山重水复，柳暗花明，就没有爱的激情万丈。

两性关系中有两种爱，一种爱是激情爱，一种爱是友伴爱。第一种爱发生在我们相爱的初期，它被称为浪漫爱，这种爱表现为过分集中的注意力——辗转反侧，相思成疾；对于甜蜜时刻的反复回忆——精神欣快、渴望；饭不思茶不饮夜不寐——强迫性的观念；对爱情不顾一切的献身精神——强迫性冲动；情人眼里出西施——歪曲观念；在爱情状态中从一个木讷的家伙变成一个

温情款款的情圣——个性改变；无法离开对方，像孩子一样渴望永远和对方在一起——情绪和身体的依赖；参见各种好莱坞影片的情节——不合适乃至危险的行为；为爱而终日哭泣乃至抑郁成病——失去自我控制；见到情人就神采奕奕，不见情人如丧考妣——戒断反应（指吸毒者在戒毒期间的一些身体反应，如浑身难受，如百蚁噬身，鼻涕眼泪俱下，哈欠连天……）。

在破折号前，我用的是文学的语言，在破折号后我用的是心理学的语言。两者是有反差的，前者美，后者有些枯燥，乃至大煞风景地描绘如此美妙动人的爱情。但可惜的是，我们既然生活在现代社会，就不能避免科学侵入到爱情中。爱情之美在于诗人们和小说家以及编剧们华丽动人的辞藻与令人肝肠寸断的桥段，但是如果你真的完全照搬这些，你一定要成为主人公。我想说的是，可惜没有日韩剧电影中那么多的“偶然”等着你，现实则会打击你。

科学家做了一个更加大煞风景的研究，他们发现，沉浸在爱情中的人，神经活动与因可卡因快感引起的表现相同。一个人在恋爱的时候，大脑里分泌一种化学物质，叫做 Phenylethylamine，简称为 PEA，中文译为“苯基乙胺”。PEA 这种爱的激素会给人如痴如醉的快感。无论你遇到什么艰难险阻，恋人的一个微笑，就让你好像打了鸡血一样，就像服用了抗抑郁药物“百忧解”（Prozac）一样，进入一种陶醉的快乐之中。

但老实说，我们都知道人是无法承受长期的高强度刺激的，过了一段时间之后，刺激就会慢慢消失。比如说，当你饿急眼了，吃第一块饼的时候，你会觉得天下第一美味莫过于此；但当你吃下第五张饼时，你已经饱了；现在再让你吃五张饼，这就不是一种享受，而是一种受罪。或者你也许可以用另一个比喻，当你饿的时候，什么东西都是好吃的；当你已经不太饿的时候，你会开始挑剔，要想让你吃得满意，厨师的手艺开始变得越发重要了。就像喝酒的人，一开始一杯酒就会让他脸红，但将来可能要喝两杯、三杯才有办法回到同样兴奋的感觉。我们都以为人通常有五种生理成瘾：食物、酒精、药物、赌博和毒品，也许浪漫的爱是另一种成瘾。

一个人一生中总要在某个时刻对爱情上瘾，但是总会醒来。有人说浪漫爱情的保鲜期是三到六个月，有人说起码是两年，但无论如何，它都会面临终结。所有身在局外的人都能看到这个结局，然而身在其中的人，看不到，也不愿看到。

安妮就是一个沉浸在爱中不能自拔的人，有趣的是，虽然同样是成瘾，我们对爱的瘾君子的同情乃至歌颂，会让其他类型的瘾君子们嫉妒。她已经32岁了，还住在父母家，对父母的感情，她是又爱又恨，爱他们对她无微不至的关心，恨他们对她生活的处处干涉。

她和男友的落差比较大，很明显，她的父母不会欣然接受，周围的人也一致反对，但是她却好像着了魔一样，非他不嫁了。为了他，她和父母断绝关系，和最好的朋友也吵翻，甚至连工作都辞掉了。因为不能有时间和他相会，她几乎每天都会给男友打十几次电话，短信更是频繁到每隔几分钟一次，至于收发邮件那更成为她每天最主要的工作。她甚至花掉了所有积蓄，每隔一两个星期就去找男友一次。可是男友经常在野外工作，她没法经常见到他，他也不是有固定住所的人，于是她就经常住很便宜的旅馆，为的是省钱可以更经常地看他。

她爱上的这个男人不仅比她大十岁，工作还很不稳定，收入不高，更重要的是他长期在西藏工作，和她相隔万里，最终连男友也不堪长期的分离，而提出分手。她很心痛，很想挽回他们的爱，可是他一次次说，不要这样，我已经欠你太多的情了，你这样，我会很难过的。

她始终琢磨着这句话，他们的分手不像我们通常所想象的那样撕破脸皮，视若仇人，而是如此情意绵绵，于是总让她心存幻想。

她很想知道，是不是像朋友说的那样，自己的爱太多了，给了男友太多的压力，让他不堪重负？

时空的间隔、长久的分离，都会给一个喜欢幻想的人以广阔的舞台，上演一些他们最喜欢的剧目。很多网友都可能会有这个体会，我们往往会在网络上非常相爱，但是就怕现实中见面，因为很容易“见光死”。因为当幻想成为爱的主要成分时，爱会非常迷人，但也会让我们迷失在自己创作的爱中。这个人往往会和我们想象中的人根本不是一回事，或者说，对方只会成为我们爱的“躯壳”甚至只是“包装纸”。我们在爱一个人的时候，往往会发生“买椟还珠”的事情：一个人如果在一个充满了神性的高原上，同时又是浪迹天涯的行者，还拥有充满了沧桑的皱纹和智慧的眉眼，以及一些足以让你泪下的爱情故事，那么这个人就是绝好的符合想象的外壳。

于是我们爱上了我们的爱，而不是对方，我们的付出也好，奉献也好，其实都是奉献给自己，而不是对方，对方想不想要，对方能不能接受，都不是很重要了。在我们往杯子里倒水的时候，我们不用征求杯子的同意，可是爱的对象是个活物，他是有感受、有决定能力的人，所以，他可以告诉你，他玩不起你的爱了。

安妮的男友到底需要什么？不知道她在一腔热血地爱对方的时候可否想过。爱永远不嫌多，但是如果对方嫌多的话，那就说明这些爱不是他想要的，也不是他能要的。

其实话说回来，当男人宁愿分手也不要继续背负沉重的感情债务时，也许这会让女人从自我恋爱的陶醉中清醒过来。

其实这个男人已经一次次告诉了女人：跟你在一起就像不断借贷高利贷一样，巨大的内疚感已经让我无力偿付了。爱的两大毒素一个是嫉妒，一个是负疚。当它染上这两种病菌后，如果不及时处理，就容易会被这两种毒变成另一种东西，它只有爱的皮毛，可是内里已经不是爱了，只变成了无形的控制。

这个男人选择留在西藏不回来，也许和女人给他的压力过大有关。也许对他而言，他需要的不是女人更多的爱，而是更少的爱。对安妮来说，她的爱是不留给对方喘息空间的类型，这种爱以强烈地侵犯对方空间为主要特征，以让对方失去自我，让对方欠债以使对方无法离开自己为手段。

这听上去似乎是一种很可怕的分析，因为当事人一定会跳起来说，我根本不想控制他，我只是离不开他，我只想为他做更多的事情。

但这种爱，其实也可以说是一种富有攻击性的带着爱的气味的恨，真正的爱不会让对方难受，不会让对方感觉想要逃避。真爱是双向的，而不是一相情愿的单行线。爱啊，多少伤害假汝之名！不是说到你爱他，你就可以理直气壮一样。

曾看过一个新闻，一个母亲将女儿打死后，很委屈地说，你们知道我有多爱她？我相信她说得很对，她一定很爱自己的女儿，但当一种爱可以将一个人毁灭和吞噬的时候，这种爱就不该继续下去了。

《大话西游》中，周星驰说过一句经典名言：谁能告诉我，我怎么会讨厌一个我喜欢的人？同理，我怎么会恨一个我爱的人？但人的感情就是如此复杂。和他在一起，意味着安妮可以依靠他对抗自己的世界，比如，父母对自己的控制，朋友对自己的控制——如果一个朋友因为不满意你找的男朋友就可以和你闹翻，说明他们是何等地需要控制你！

很多时候，我们希望爱情可以成为将我们救出火坑的救世主，可是爱情并不是供我们逃避困难的城堡，也不是对抗我们旧有世界的武器与灵丹妙药，爱情就是爱情，它不能承载和它无关的东西。所以如果你一定这样做，最终一定会失望的。

为什么有些人的爱情之路会越走越窄？为什么有些人的爱会从双人舞变成独舞？原因之一是这种爱是吞噬之爱，而非有交集的爱，只有“口”的爱，而没有“耳”的爱。

这样的爱会是一种僵化的程序，如果对方不按照自己先天的“设计”程序接招，对方所承担的巨大负疚感就回到自己身上，不管安妮是否愿意承认，她和男友在玩一种经典的负疚与被负疚的游戏。

总的来说，两者必须要生活在同一种文化中，因为负疚的内容是双方都要认同，或者说这个文化要强行规定某些东西是你必须要接受的，不管你需要不需要。比如一个女人的青春和贞操，比如一个男人的责任和辛苦，这些东西都被我们的文化规定为是好的，同时也必须要接受。

或者换句话说，一旦对方为你做了这些，你不接受也要接受，如果你不接受你就没良心；如果你接受，你就是对不起自己。这个强买强卖的逻辑在其他地方是行不通的。比如你走在路上，忽然有人把你拉到饭馆里，非要让你吃你不爱吃的饭菜，最后还要你结账付款，如果不结账付款就游街示众，这叫“欺行霸市”，是黑帮行为。但奇怪的是在感情的领域，如果一个人为另一个人呕心沥血，掏心挖肺，乃至做出种种壮烈行为，好像对方就必须要接受一样。现在还有新闻说有的痴情男人当街跪倒，挂个忏悔牌子，割腕跳楼，寻死觅活，要对方原谅自己，此时观众们纷纷开始同情这个“痴情男”，觉得那个女人未免有些太“不近人情”；女人当然不会做出如此强横的表演，她们更多的是“软性控制”：对你好，好到你无法下咽，好到你无可挑剔，满足你一切需要，最终是要你乖乖投降。

什么是好？好是买卖达成，你情我愿；好就好在需要的彼此满足，而非强迫对方吞咽，哪怕是琼浆玉液，也要对方愿意吃才行。

可是这种专制的文化，从我们的父母那一代就开始教育我们——“爸爸妈妈这是为你好。”有了这句话，父母可以做任何让你无法忍受的事情，你不能拒绝，因为这是爱；哪怕你胃已经快被胀破，哪怕你的嘴快被烫坏，哪怕你心难过到想死，可是因为是爱，你就必须要一并接受过来。一旦爱成了“不可拒绝”之物，它就不再是爱。

爱一旦无法选择，也就不再是爱，就像水如果没有交汇就会成为死水一样。

负疚感不是爱，而是爱的枷锁，它让你与他人之间的关系由爱转变为债权关系，即使对方不得不偿还你的爱，你也很难完全“解渴”。因为在潜意识中你知道，这不是对方发自内心的主动的爱，而是“不得不爱”，最终这个枷锁也会让你失去感觉真实情感的能力。

如果你也在这种“内疚万岁”中循环，那么你很难感受到也很难让对方感受到真正的自发的爱的流淌。

人生的一大悲剧或者一大本质就是，往往不是我们决定如何爱或者幸福，而是我们的习惯。我们当初所痛恨的模式在主宰我们，而人一生的努力其实都在试图用各种方法打开当年挂在我们身上的枷锁。这些枷锁或者说铠甲当年一度保护过我们，避免我们受到更大的伤害，而当我们一旦成人，这些当年保护过我们的铠甲，开始成为我们前进的桎梏。

那么我们该怎么办?

第一，停止过度自责，停止用内疚感伤害别人，更不能用来伤害自己。

第二，停止扮演弱小的脆弱的角色，也许对方正是因为看到一个女人像温室的花朵，觉得伺候不起才放弃的。

第三，可以想想，如果不用内疚控制他人，你用什么方式表达爱，你究竟怕什么？也许从小，我们就发现不能真正地表达内心，不能用一致性的语言，说出内心的语言，而不得不靠不断紧逼获得勉强的爱——这是一种生存之爱，温饱之爱。当一个母亲跟女儿诉说自己养育孩子有多么辛苦，并以此要挟孩子屈服的时候，她已经无形中教给孩子，如何让对方屈从于“债务之爱”。

第四，很多愿意让对方欠感情债的女人，往往会选择一个各方面条件不如她的人，因为只有有了“电位差”，爱才会有流动的可能。对这样乐意付出的人，一定要找一个比她本人还弱的对象，以此来让她可以尽可能地献出“爱情”，如果对方能力太强，她岂不是少了很多付出的“空间”？

其实如果往深里说，我们转嫁给伴侣的很多压力根本不是自己的压力，我们在感情中往往只是一个二传手，把父母对自己的压力转移到对方身上了。如果我们真的爱一个人，从现在开始就面对父母的压力，不要让对方成为替罪羊。父母的意见很重要，但这是我们自己的人生，如果父母也用负疚游戏控制我们，我们就要提醒自己，不要再玩下去。表达真实的感受，面对恐惧时，恐惧才会真正地减少，鸵鸟是逃不掉恐惧的。

卢悦解“毒”

爱是欲求不满，爱是得不到。

爱的两大毒素，一个是嫉妒，一个是负疚。

患病过后，男友变成依赖狂

——无条件地付出，其实是一种害

曾经有一首歌的歌词：“你到底爱不爱我”，这句话非常实在地点出了人性中非常复杂的一面：很多时候，我们不知道到底是爱对方还是不爱，如果用来形容我们的关系，好像不像，如果用纠结或者说纠缠来形容，似乎比较贴切。

所以很多人会在情感演变成一场纠葛的时候，哀叹道：为什么我们就不能好好相爱？为什么我们非要这么折腾着爱彼此？为什么明明那么那么爱，却无法真正在一起？为什么我们就像是一对刺猬，靠近就会扎到对方，远离就会感到寒冷？

爱如果那么简单明快，也许就不叫爱了；爱如果像数学一样明确而清晰，那么爱该多没意思啊？其实我们大多数人的爱都是一笔糊涂账，越算越乱，越搅越浑。

对很多人来说，爱不仅是个问号还是一个惊叹号，还是一个删节号，但绝对不可能是句号。因为对他们来说，他们最无法明白的一件事就是：爱都如此痛苦，如此彼此折磨，为什么我们还要“乐此不疲”？

下面我要讲一个复杂的故事，这个故事足以让我们体会到爱的五味杂陈和欲说还休。

水獭和男友很早就开始谈恋爱，那时候他们彼此喜欢，两情相悦，但在那个比较封闭的学校，他们不敢公开恋情。

后来他们双双考进一所重点大学，而且还是同班同学，一开始他们都觉得非常高兴，对未来有无限的向往。不过噩耗传来，水獭的男友被检查出患有鼻咽癌，水獭当时都快疯了，她简直不敢相信男友这么年轻怎么得了这病。

在水獭的帮助下，男友办理了休学，然后去医院治疗，男友很坚强，生病期间几乎都是自己照顾自己，不让父母以及亲朋好友照顾他。他说不想让父母看着他痛苦，因为男友从小不在父母身边长大，和父母感情不深，有什么心事都不和父母说，所以生病期间他的性格也在变化。

水獭在男友生病期间回去照顾过他两次，看着男友渐渐消瘦，她很心疼，但没办法抽出更多时间来陪他，男友也曾生过水獭的气，并认为她不够爱他，男友常说，如果是水獭生病了，他一定会休学来照顾她。水獭承认自己做不到这一点，因为她从小很害怕父亲，不敢做出这种"太出格"的事。

男友的家境不好，为了帮他筹医药费，水獭发动她的资源，在大一第一个学期帮他筹款几万元，帮助他渡过了难关，当时这在学校里被视为奇迹，传为佳话。第二个学期，男友病治好了，来上学，但是此时，水獭却发现他和以前不一样了。以前由于成绩较好和较受老师爱护，男友特别自信，但一场大病让他性格大变。他开始沉默起来，也不主动和同学交往，而且还变得多疑，发现水獭和男生聊天，他就不高兴。和这么一个阴郁的男朋友相比，水獭的性格很活泼，也很幽默，较讨人喜欢。

说起来，他们的交往很奇怪：似乎他们一直都不是很亲，上街时她不愿意让别人看见他们手拖手，她也不知道为什么这样。有时候她也会有嫌弃他的想法，因为男友不像以前那么上进了，脾气也变了，感觉整个人怪怪的。

但在另一方面，水獭心里很疼男友，其实也为他付出了很多。她把伙食费很大一部分都用在男友身上了，买衣服，买灵芝，煮饭，反正有什么好的都先想着他，她的心并不像她表现出来的那么冷漠和讨厌。

但是他没事和不生病的时候，她又总不爱搭理他。只有他有什么事，她才会紧张他。其实她现在想起来，也觉得对不起他：每次五一、十一水獭都跑去找亲戚了，没留在学校陪男友，甚至工作以后，男友到她的城市找她，她都不想见。

不知道为什么，水獭不明白他们到底是怎么了，整天吵架，常常说分手，但是每一次又是以和好结束。水獭甚至叫他去找别的女朋友，别等她。每一次吵架，连水獭都觉得自己过分，也会主动道歉，她甚至觉得她迟早有一天会气死他的。

男友经常和水獭发生冲突，是因为他很妒忌水獭对家人那么重视，不重视他，他希望她把他看得比什么都重要。但是水獭和家人相处很融洽，他们是大家族，聚在一起的时候很开心，对水獭而言，男友好像是一个潜在的定时炸弹，总让她感到不安。

毕业后，他们到不同的城市就业，两地分居让水獭感觉，他们能走到在一起的概率很小，所以也有分手的意思。但男友每个月起码有一两次，会来找她，车程挺远，她觉得很感动，就想和他一起生活了，甚至开始谈婚论嫁了。

然后，工作后两人的感情更复杂了。春节男友要邀请水獭去他家，但她不是很想去，拒绝了。元宵节男友又叫她和他一起回去，但是她还是不答应。后来她知道他带了深圳一个认识没多久的女同事一起回家了。有同学还告诉她，男友要和那个“顶包”回家过年的女孩结婚了，而且女方已经怀孕了。那一瞬间，水獭感觉到天旋地转，这么一个道貌岸然的男人，怎么会做出这种事情呢？她忙打电话过去问，结果居然是一个女人接电话，自称是他女朋友。

接下来还有烂桃花的事情发生，她的一个大学同学趁她不在男友身边，也曾和她男友发生过关系，而且还不止这些女孩……

水獭后来才知道，男友这是在报复她，他心里是最喜欢水獭的，可他心里一点儿安全感都没有，很害怕失去她，整天都在试探她会不会嫁给他。说真的，交往这么长，水獭心里是愿意的，但是嘴硬，就是不肯答应，可能这让男友觉得水獭嫌弃自己，不要他，于是去找了别的女孩。

男友曾给水獭很多希望，她觉得和他在一起能幸福，因为他对她很好。但不明白，为什么男友交往这么多人，每次和她在一起的时候，他总是装得没事似的，完全没意识到自己在背叛她，简直像人格分裂，一方面很痛恨背叛行为，但是自己却在做着这些行为。

七年感情，彼此不舍，却不知道该如何继续……这些问题像是无法消散的魔咒，徘徊在水獭的脑海里，快要将她折磨疯了。水獭不知道男友还值不值得她等待，如果男友愿意改变一切，并好好奋斗，像以前一样，做个好人，他们还值得在一起吗？

这是个漫长的故事，漫长的原因在于这个故事存在两个线索。按照水獭男友这条线，也许可以起名叫做：死亡后遗症。一个人面对死亡时会发生什么，没有人知道，除非你真的走到那一步。我们能看到的是水獭男友虽然在身体上起死回生了，但是在精神上却还没有走出死亡的阴影。

事实上，死亡成为他的一种借口，回避人生的借口，因为有癌症，所以他可以理直气壮地要求很多东西，而不必自己承担什么责任。发生在他身上的横祸，让他对人生的很多底线和信条都不必遵循，因为他有死亡这个挡箭牌。换句话说，他内心的恐惧和不安全感一直驱使着他处于只去享受人生而非为自己负责的状态。

有意思的是，越是这种颓废，越能吸引人。这让人想起“吸血鬼”。吸血鬼很英俊，很吸引人，然而他们见不得阳光，只能在夜间活动，最重要的是，他们靠别人的血液生存，他们自己没有生命力。吸血鬼最好的吸引人的方式，就是以自己的病态引发女人的怜惜，他们的杀招是脆弱和无辜。

像水獭的男友，他用如孩童般清澈的眼睛告诉水獭，即使他犯错了，也是因为他的无能为力，他只是个迷途的小羊羔，他只能接受别人的爱，而无力付出。

一个人面对无法应对的灾难时，往往会退化为无助的小孩子，因为只有小孩子才能被人无条件地关爱，巨大的灾难已经剥去了他的所有防护衣，他只有像孩子一样依靠其他人，才能活下去。他自己已经“放弃抵抗”了。所以吸血鬼是住在棺材里，他们能活下来只是因为其他人的力量，而非自己。

所以他身边会聚集那么多女人，而这些女人毫无例外都向他付出了很多。他的内心有一个预设：我都是要死的人了，你们还能跟我要求什么？虽然他已经康复，可是这个念头可能一直纠缠着他，而且他内心很可能还有另一种声音：凭什么上天对我不公？这种不公平感和不平衡感可能会阻碍他真正回到现实生活中，而只能停留在恐惧的阴影中。

一场疾病可以让一个人涅槃重生，也可以摧毁一个人的灵魂，对水獭的男友而言，这场大病摧毁的不是他的身体，而是他对自己的价值的认定。

他一次次地寻求水獭的接纳，而水獭只有在他有“情况”的时候，才会对他有爱的感觉；从这个角度来看，男友很脆弱，很绝望，也很无助，他似乎一直用各种方法寻求和水獭的连接，包括用其他女人来报复水獭的“无情”。也许对他来说，最终他想要离开这段让他越发迷失自我的感情，是一种解脱，他决心不去乞讨别人给他价值感，而是真正靠自己的努力，创建自己的世界来完成救赎。

从根本上讲这依然还是一个“缘木求鱼”的事情，因为内心的价值感是无法“外求”的，究其因还是需要“内定”的。如果你觉得自己没有价值，无论你用什么来证明你的价值，都只能证明你的空虚。甚至你往身上涂的金越多，越说明你内心的空虚。

看水獭那条线索，说的是另一个故事：水獭似乎有两个自己，一个是爱他的，一个是不爱他的。一方面水獭为男友捐款而东奔西走，也劳心劳力；但另一方面，水獭一直将他们的感情放于地下，理由是害怕父亲的反对，她的家境和男友的迥异，男友还是个癌症患者，性格也变化很大，从阳光积极变得不思进取……这些都构成了水獭不能靠近他内心的原因，她总觉得还有其他没有说明的原因，总之，水獭无法接受病后的男友。有意思的是只有他出事了，无论是生病还是出轨，水獭才会关注他，否则就对他置之不理。一方面她对他付出很多，另一方面又竭力远离他。

所以说，他们的爱是何等的复杂，爱也许是一种动态的充满离心力和向心力交织的“磁场”，当我们的内心充满矛盾的时候，我们表现出来的爱就是矛盾的，不可捉摸的。

水獭来自一个团结而气氛和谐的大家族，这个家族是如此的团结，以至于水獭的很多需要基本上通过这个家族就可以解决，事实上，水獭并不是那么需要爱情，对她而言，也许生命中最重要的还只是她的家族。

那么如果她的家族，或者说尤其是她爸爸不接受她的男友，那么她就必须要做出取舍。她的选择是让这份恋情潜入地下。一方面她要向家族效忠，家族排斥的，就是她应该排斥的；另一方面她又很爱这个男人，于是你就会看到水獭自相矛盾的种种行为。

其实这不只是爱的自相矛盾，还是自我发展与家庭忠诚之间的矛盾冲突。她是从如此温暖而紧密的家族里分化出来，拥有属于自己独立的家庭，还是永远只是大家族的一分子，听从家长摆布？这是很多大家族子女所必须要经历的一个选择。

看得出，水獭是有想要拥有自己世界的愿望的，但同时她也有想永远做爸爸的乖女孩的愿望，这两者是非常冲突的，因为前者是要她和爸爸有交集同时也有属于自己的部分，而后者则完全只是爸爸世界的同心圆而已。

从另一个角度讲，水獭的男友没有在这场拔河比赛中帮到她，也说明他只是自顾不暇，也许不是真正能帮助水獭的人。也许水獭在无意中自我保护，因为他们之间的情感只有单向的流动：男友只要女人的照顾，而水獭也喜欢对他的照顾；男友善于激发女人的母性，善于做个小孩子，而水獭也善于做个妈妈。在这方面他们双方达成了默契，非常互补，然而，在另一面，水獭也需要男友的付出，也需要他的照顾，水獭决定和他结婚，一个重要的理由是看到了他对水獭的付出。

情感的美好在于交换和平衡我们彼此都能获益，这样的感情才能真正长期存在下去，否则迟早有一天，彼此会成为加害者和受害者。

水獭对男友爱不起来是正常的，没有人在情感中愿意只做雷锋。爱情中没有义工，最终还是需要有所收获的，水獭觉得做妈妈的感觉很好，可是同时也有做女儿的需要，这部分如果不满足，他们的关系就无法真正维系。

我们长大成人以后，很多来自爱非常浓烈的家庭的人会面临一个巨大的选择，那就是长大成人和对家庭忠诚之间有时会发生冲突。一方面长大的需要让我们向往外面的世界，一方面家里的世界又实在太美好了，让我们愿意永远做一个小孩子。这个拉锯战有些人一辈子没有打完，而有些人则要花很大的代价才能真正走出一条属于自己的路，而不被太多的爱所迷惑或者驯服。

最重要的是用我们的心和心连接起来，让我们彼此做对方的孩子和父母，奉献型的护士型的女孩子需要表达出自己在情感中的需要，并要求对方满足自己；而吸血鬼式的男生只有在情感中承担起责任，才能真正回到阳光下，拥有自己的血液和爱情。

卢悦解“毒”

爱是一种动态的充满离心力和向心力交织的“磁场”。

内心的价值感是无法“外求”的，最终还是需要“内定”的。

分手迷上购物，寻找另类寄托

——爱是疗伤的好方式，最好还是下到“水”中

每次，看到电视剧里主人公开始喝酒，不用问，一定是遇到了失恋或者失业，酒精给人最大的好处就是一种昏昏沉沉的快感，而且醉酒的人往往会有一种酒精造就的无所不能的快感，就像是侯宝林说的那个相声：你给他一个手电筒，他也相信自己可以顺着手电筒的光柱爬上去。

当我们摔倒的时候，疼痛会袭来，但过一会儿疼痛就会过去，为什么会不再那么疼了？因为在我们疼的那一瞬间，大脑会分泌安慰剂，让我们的痛感慢慢消散。那么如果我们的身体感受到剧痛的时候，比如那些罹患癌症的病人，人体所能提供的安慰剂已经无法抵抗痛感了，就只有用吗啡这样的外来安慰剂，才能暂时抑制疼痛。

同样，如果我们见到一个成瘾的人，无论是对酒精、毒品还是赌博或者其他任何一种外来的东西，有了一种无法自拔的依赖，也许可以说明，在现实生活中，有他自身的安慰剂，或者说自身的能力无法化解的痛苦，才让他们致力于寻求外来物质带来的“安抚”和“遗忘”。

有人说戒烟很简单，我都戒了几十次了。为什么当我们有一种瘾症的时候，就是无法去除？因为瘾之所以成瘾是因痛苦而产生的，只有没有痛苦，才真正没有瘾症。可是很多帮助者却有些舍本求末，以为酒精或者毒品甚至网络和赌场是罪魁祸首，其实真正的罪犯是将成瘾者驱赶到瘾症中的那股痛苦。

我们成功地帮成瘾者去除掉对抗痛苦的种种外来物，却没有给来访者任何新的武器来对抗痛苦，或者说解决痛苦的根源，那就像是将孩子洗干净了，再重新丢到脏水里一样没有意义。

说了这么多，用四个字来总结：因噎废食。

道理是那么的简单，这个世界没有不懂得道理的人，就像是这个世界上很多驾驶员都知道交规，可是大家一样还是要违反交规，所以这不是一个智商的问题，而是一个情商的问题。

我们都知道不该将洗澡水和孩子一起倒掉，可是其实下水道里，有太多和洗澡水一起被倒掉的“孩子”——这是一个很恐怖的比喻。这个比喻就是要让你留下深刻印象，深刻地明白，我们之所以不能合理地具备“良好功能”活着，是因为我们每个人自己除了这个世界的普遍通行的大道理以外，还有一个专属自己的“小道理”。我们的一生就是“小道理”和“大道理”对抗、妥协和融合的过程。

新芳的角色是负责被烦恼以及不断地自寻烦恼。一年前，她在商场里看到，男友和一个年轻漂亮的女孩子手挽手逛街，那一刻，她崩溃了。和男友分手后，她跟朋友一起逛街的时候，她开始做了一个很不寻常的举动——花了 4000 块钱买了一件晚礼服（至今都没穿过!）——相当于她一个月的工资!

从此她的购物史进入了一个疯狂发展的阶段，她开始沉迷于购物不可自拔。每当她心情郁闷，就到商场里疯狂购物，疯狂刷卡，即使借钱也要买那些她根本不需要也很难有机会穿的衣服。

她痛恨自己这个毛病，也知道这是自我麻醉，为了买东西那一瞬间的快乐，她要付出买完以后回家几天的郁闷!

听朋友说，喜欢疯狂购物是因为小时候太缺钱，长大了就自我补偿，可按理说她家比较富裕，她想要什么就有什么，对物质没有那么强烈的需要。她很想控制住自己的生活，她想过正常人的生活，现在她连恋爱都不敢谈——谁愿意要这么一个败家的女人？她就这样一边疯狂地购物，一边疯狂地自责和恐慌，犹如一列脱轨的火车，一路狂奔，又一路下坠，她真的不知道，自己到底该怎么办。

新芳看上去很不靠谱，不过有一点说对了，那就是“补偿”——这几乎是所有成瘾者的心理动机的本质。成瘾者往往内心空壳化，这种“内虚”自己无力填充，于是就开始依赖外界，这种补偿式的发展，应了进化论“用进废退”的规律，而逐渐导致自身解决问题的能力的退化。

就像我们中国人的饮食文化认为“缺什么补什么”，所以我们吃了大量各种牲口的内脏，其实从医学角度讲，并没有起到什么实际作用，要知道，它针对的并不是生理层面，而是我们的内心层面。内心层面的改变，真的会影响到我们的生理层面。

就拿新芳购物成瘾的行为来说吧，其实购物和成瘾之间的关系，在于我们内心的加工。比如在葛朗台眼里，购物是一件引发生理痛苦的事情，而对另一些人来说，购物可以和满足与快感有关系。

万事万物都来自我们内心对一件事的定义，一沙一世界，一人一人生，我们的定义有多么错综复杂，就有多少不同的世界。看上去，我们似乎拥有一个日益趋同的扁平世界，但无论如何平，我们内心的定义很难趋同，所以这个世界的不同才是永恒，而相同其实是偶然的、暂时的，甚至是想象的。

逛街对女人来说的确是一种莫大的享受。在广告中，在橱窗中，那些穿上华美衣服的模特微笑着，暗示我们穿上这些衣服就会像她们一样快乐、漂亮，过上幸福的生活。女人爱美，是因为她们相信外表的变化，会有助于改变命运。穿上漂亮衣服的那一瞬间，梦想似乎立刻实现了。很多男人可能无法理解，对女人来说，商场就是一个梦想的乐园，就像对男人来说，汽车可以是他们快感的来源一样。

很多女人相恋后，会买一件晚礼服作为安慰自己的“道具”。在理智层面，我相信新芳会很清楚，晚礼服自己很难穿上，它可能就是一件衣橱里的“公主”。在她的生活里，她找不到可以穿着它出去的场合，但她还是花了一个月的工资买了它。它对她不只是衣服，而是一种梦想。就像灰姑娘变成公主的梦想一样，事实上灰姑娘的南瓜车是到不了皇宫的。但也许，在新芳的梦中，当她穿上这么漂亮的晚礼服，就可以和那个时尚漂亮的情敌较量一番了。这种非理性购物方式可以暂时补偿她现实中的挫败感和失控感。

购物的第二大“好处”在于她试图对她在现实领域不能控制的东西加以控制。当控制失败时，她就通过购买来加强，或者恢复控制感。

也许你会问一个问题：为什么她会用这种方式解决内心困扰。新芳在童年时代过着无忧无虑的生活，从来不缺钱，而且向父母提出要什么，父母都可以满足她。那么也许有一种可能：在她难过的时候，父母倾向于用买东西安慰她。所以当她情绪低落的时候，就会退回到童年时父母满足她的方式。这似乎是一种解决问题的方式，她解决不了问题，也许可以用购买的方式解决。

现在的新芳在理智层面当然明白，花多少钱也无法买回男友的感情或者成功的体验。但儿童时她不会这么认为，比如爸爸批评她一顿，她会感到很难过，为了安慰她，爸爸会给她买个玩具。

也许对新芳而言，当父母给她买东西的时候，真正让她开心的不只是好玩的玩具，更是和好玩玩具一起到来的父母的笑容和轻松的气氛以及父母对她需要的关心和情感的投注。小时候的她觉得伤心时，买东西就会解决问题，这让她认为，买东西本身就是一种获得爱的方式。这些画面积累起来，让她得出了关于爱的定义：买来的东西＝爱，这是她小时候建立的条件反射。我甚至可以想象，对她而言，商场甚至可能是她关于快乐和温暖发生最多的场所，比如父母会带着她去买东西时候的背景，也许经常是在商场里的。也许对别人来说，看到自己的男友和其他女孩一起逛街就足以让人痛苦了，现在对新芳而言，这是一种伤上加伤，这等于在她最在意的爱的天堂（爱的背景）上“抹黑”，这种伤害是“双重”和“加倍”的。于是也许你能明白为什么“缺什么补什么”的意义了，她试图在补一个关于她的“天堂”的“窟窿”。

这让我想起了一个电影故事：一个人因为口角而杀死了自己的妻子，将她糊上水泥，砌在墙里，然后对外宣布妻子和人私奔，然后重娶。他的新妻子发现他半夜里有梦游的“爱好”，因为好奇，就偷偷起来跟着他，发现他来到客厅的一面墙前，摸摸索索地做着一些动作，看了一会儿她明白了，好像是在“砌墙”，她来到近前，发现丈夫嘴边露出一抹微笑……

对这个砌墙人来说，墙永远无法砌完，在现实层面，发生的事情已经了无痕迹，他也努力地说服自己让自己相信这一点；但在内心，这件事永远没有完，只要他的良心和恐惧一天没有消失，他的这种砌墙之“乐”就一天无法消散。

这就是一种永远无法填补完的，也没有终结之日的“补偿”，一个永远的“西西弗斯”神话。很多成瘾者，就陷入了这个窠臼中，走不出来了。这就是为什么对很多杀人犯而言，被捕对他们来说其实是一种求之不得的解脱，因为他们深深知道这种自我补偿的砌墙的痛苦，对他们来说所谓的自由只是身体层面的，他们的内心早就深陷囹圄。

毫无疑问，买来的东西就是东西，它没有带来爱，反而带来焦虑、羞耻和懊悔。但同时，通过这种周而复始的冲动行为，她又“成功”地将问题从恋爱的问题、工作的麻烦转化为她自己控制自我的问题。购物冲动本身又成为新芳逃避问题的一个理由。

新芳现在要做的，就是告诉她内心那个跟爸爸妈妈吵着要买东西安抚情绪的小女孩：从现在开始，她会面对问题，并想办法解决问题。男友出轨了，她想和他分还是合？分怎么做，合又怎么做，让她内心成人的部分负责她的人生。

面对挫折的时候，的确很痛苦，这些痛苦是有意义的，它提醒我们要去解决它，而不是将它搁置或者否认。痛苦就是这样的东西，你越是躲着它，它越强大，你越否认，它越变得不可否认。每天睡觉前，我们都要告诉自己：我们的美是因为我们这个人，而不是因为服饰，服饰因我而美，不是我因服饰而美，然后告诉自己会做一个关于自己很美的梦。我们需要反复确信自己是值得爱的，不需要外界的证明——既然买东西、买衣服是发生在心理层面上的，我们当然可以在心理层面给自己穿衣服，而不要让心理层面的事情“污染”到现实层面。为什么不可以呢？童话世界里，灰姑娘可以坐南瓜车造访王子的舞会，现实中却是很少发生的，但这不妨碍我们的白日梦可以帮我们抚平伤口，即使是白日梦也要比买东西高级，因为我们需要建立的是自我安慰的机制。在这个层面上，阿Q也比用信用卡为爱疗伤的女孩们更高级。

其实爱是可以疗伤的，当我们有人爱自己，给自己对自我的确信，我们就不需要一堆衣服来证明自己的价值了。也许我们可以把那些不需要的衣服收集起来，或者送人或者卖掉。在处理衣服前，新芳可以做一次告别仪式，告诉那些衣服：“谢谢你们陪伴我度过了那些难熬的岁月，但现在我要前进了，我将为自己负责了，我相信自己有力量面对生活。所以再见了，请祝福我。”

卢悦解“毒”

明知不可为而为之，这不是智商的问题，而是情商的问题。越是躲着痛苦，它越强大，越是否认，它越变得不可否认。

第四章

不做剩下的，只做独立的

LOVE NO.4

情感世界的游戏规则是，我如何与别人产生交集，我们的爱不是因为我们多优秀，而是因为我们多么懂对方的需要以及自己的需要。无论你多么优秀，无论你如何发光，你这个光源是需要有温度的，因为爱就是和温度有关，和多亮没关系。也许我们的剩下来是一种长期以来对我们压力的反抗，但总的来说，真正要做的是我们真的认为自己很优秀。

女人的“青春”与“鸡肋”

——美丽的软肋，选择的纠结

有很多女性问我：可以同时爱两个人吗？很多人会说不，但同时也许在内心问自己，我真的会这么坚决吗？我们的文化强调的是情感的忠诚，男人的花心已经是很受非议了，何况是女人的“花花心肠”？然而，情感爆发时，可不管什么文化禁忌，它往往会先斩后奏，爱总是在你发觉之前，就已经发生了。

> 苏莉面对的，就是这么一个困境，读研后，在一次外面活动中她喜欢上了一个男人，两人谈得很投机。不过，她大学时已经有男友了，谈了不短时间，不过相处总觉得隔了点什么，内心总是希望有桃花运，这次终于来了。但是，他们感情还在，担心分手会伤害到男友，所以她选择了没有告诉两个男人真相，而是将自己平均分配给这两个人。她被大学男友的稳重踏实以及上进心所吸引，又被新男友的才华与风趣幽默所吸引。她像个贪心的孩子，在两段感情的甜蜜中流连忘返，又非常辛苦小心地维系着两边，用一个个谎言延续着她的享受。毕竟，一个人的精力是有限的，她最害怕的事

情最终还是发生了，新男友发现了蛛丝马迹，跟她摊牌了。本来他们交往就短，他身边并不缺乏追求者，如果她不能专情于他，他立刻就可以开始一段新感情。

她在犹豫中错过了时机，所以当她看到新男友身边有了新的女孩后，她心碎了，开始迷茫了，无论是对未来，还是对爱情。

而当她转身试图将对新男友的爱转移回大学男友时，她发现他们的感情没有那么好。本来她想研究生毕业后去大城市，但大学生男友却说他不一定能和她走到一起，他不想去大城市，他有自己的打算。那一刻，她感觉未来非常无望，不知是习惯了大学男友还是内心无所依靠，她很是不舍，仍然爱着他，不知该分手还是这样耗下去。她怕浪费青春，但又怕错过他，遇不到对她这么好的人……

《大话西游》曾有一句让人说烂的台词：曾有一段感情摆在我面前……但是如果是“两段感情”同时摆在你面前呢？看上去似乎要比那一段感情还要丰富，但其实你可以收获双倍的快乐，而痛苦也可能是双倍的，享受是双倍，所承受的压力也是双倍的。

你看到玩杂技的演员了吗？他们一边顶着高高一摞碗，一边还要走钢丝，两边都是危险。我不知道他们是怎么做到的，但不用说他们几乎用一生的时间做这么一件让人觉得匪夷所思的事情。他们之所以可以向我们收费，是因为这个世界上能像他们这么做的，几乎是凤毛麟角，或者说只有他们才能做，所以我们也愿意掏腰包。

但是，爱情这东西，非常特殊，一段感情的玩法就足够复杂，何况要同时维系两段感情？

一个女人一生中最担心的就是两个关键词：一是“青春”，二是“鸡肋”。

一个女人迟早都会感觉到年华易逝的恐惧，只是对苏莉而言，她的恐惧似乎来得比较早。青春的确美好，但比青春更好的是一个人是否有能力驾驭青春，而非让青春驾驭我们。现在看来，苏莉的境遇很普遍，很多像苏莉这样的人没有真正享用青春，而却让青春成了敌人，生活在丧失青春的恐惧中。很多这样的人都会觉得自己的未来没有任何保障，因为美好的年华即将过去，她们将成为“剩女”，没有人要她们，她们将像是从早市摆到中午的菜，太阳一西斜，“末日”的感觉总是很惶恐……

日本曾有一个女孩爱过恨过，在18岁就跳崖而死，留下遗书说，她觉得18岁是一生绽放得最美的时刻，所以，她想要像樱花一样，在开得最绚烂的时候，飘然而逝，不必等到人老珠黄，成为明日黄花，这样她会永远以18岁的形象活在人们的心中。

这封信当年在日本流行一时，甚至有女孩也效仿她的行为。

带有这样心态的女孩其实都被骗了。我们的整个消费文化是偏向于年轻女人的，无论是在广告上、杂志上还是影视剧中，都将青春女孩奉为美的标本，甚至于新版《红楼梦》都会让一个小女孩来演熟妇王熙凤。青春的确无敌，但青春也非常肤浅，青春只是人生的一种美而已，青春赢在无知者无畏，一往无前的希望。

开花有开花的美，结果有结果的美，年轻有年轻的美，而老去有老去的美，恰似一年四季，月圆月缺，只有你经历以后，才知道人生的每个阶段都有一段美等着我们邂逅，等着你一一经历和享用。

青春去了，智慧就会降临，哪怕你再驻颜有术，也永远无法战胜那些一茬茬风起云涌的小姑娘们。如何在情感中学习，这是你必须要完成的一件事，你会感觉到这种恐慌，但这不是一件坏事，而是说明你需要学习如何与这种压力共处。这是你需要完成的一个人生任务，完成了，你就会拥有那些青春小妹妹们无法媲美的法宝，那就是在情感中进退自如的能力。

现在说说女人的“鸡肋”。所谓鸡肋就是“食之无味，弃之可惜”的彷徨。“考上研究生了，发现爱的人不是他”，这很自然，因为人生的境界不同了，对爱情的定义和标准自然不同，很显然，那个新男生可能比这个大学男友更优秀、更吸引苏莉。

这就像是选衣服，你必须要从两者之间选其一，选择往往意味着风险，而不去选择则意味着以不用冒风险的方式“冒险”。因为你不做选择，你可以不必冒险，但不去冒险本身也是冒很大的风险，因为没有人会一直等着你，在这个僵局中一直陪着你过下去。

在心里，两个男孩都是苏莉的所爱，她不想放弃对任何一个的感情。其实不知如何选择本身说明她对两段情感都没有信心，她不敢做选择，因为她害怕选择。从小到大，也许她没有经历过真正的风险或者被曾经付出的奉献打怕了，所以她步步为营，不敢冒险。我们对未来的迷茫也在于此，因为这个社会不再像课堂，不会给我们补考的机会，失去了就是失去了，错过了就是错过了，往往只有一次选择的机会。

当我们发现外面有很多选择让我们无从选择的话，那么就说明我们内心的标准出了问题，我们大多数人往往期待着天上掉下一个大馅饼，这个馅饼最好有我们想要的所有的馅儿。然而天上往往掉下俩馅饼，各自都有一种馅，于是我们困惑了，到底该吃哪个？吃这个就要放弃那个，吃那个就要放弃这个。

我的建议是最好我们学会自己做馅饼，因为也许我们守株待兔一辈子，也等不了那么巧的集我们所需要的品质于一身的人，那么怎么办？我们要学会如何教会对方爱自己。比如苏莉在第一个男友那里得到了她想要的稳重，但她同时需要轻松和幽默，以及一个男人的创造力，那么她需要告诉男友她在情感中的需要，并且探索如何在他们的情感中找到这种感觉；而对第二个男友，也许她需要告诉他，自己在情感中对稳定感的需要，而和第二个男友探索该如何在情感中增加这部分的满足……

总而言之，我们是赌老天会给我们一个不需要改造的关系和情感，还是我们自己动手丰衣足食，从概率来讲，我认为后者更靠谱一些。

什么叫浪费青春？如果我们在青春中没有失败的经验，也就失去了成长的机会，那么这段青春才是浪费掉了。青春允许我们犯错，我们尽力去做出选择，哪怕做出了错误的选择，但是能够吃一堑长一智就可以了。我们无法改变过去，但能让现在的自己比过去更明智一些。

无论选择与伴侣继续还是分手，你都需要坦诚地和他沟通。如伴侣对你们之间的问题无知无觉，那么即使这段感情勉强维系下去，也会潜伏巨大的危机。

记住：出来混的，总是要还的，而且是连本带利。

卢悦解“毒”

想要两全其美的爱，最后总会挑花眼的。

欠什么不能欠感情债，出来混，总是要还的。

“白骨精”就是这样剩下来的

——在情感的世界里，优秀是走反规则的

有条件不太出色的剩女的故事，也有条件太出色的剩女的故事。说实在的，有两种人非常容易剩下来，第一种是认为自己不配婚姻的人；第二种是认为婚姻不配自己的人，后者本文即将谈到。有人用田忌赛马的故事比喻我们的婚姻市场，基本来说，就是一等女总是配二等男，而一等男非要配二等女。这个诡异而充满悲剧性的配对方案，让很多人非常绝望，似乎这个世界对女人实在太恶搞了。同时，也让一些白骨精剩女们对男人的这种“虚弱”选择嗤之以鼻。想知道原因吗？

首先，在这些条件出色的女人们唱起《红楼梦》中黛玉的《葬花吟》前，有个问题还是想请教一下：什么叫做条件出色？

条件出色，也就是当下世俗的观念：三高，即学历高，收入高，身材高。为什么这三高就理所应当拥有幸福的婚姻？照此说来，我们的爱情完全可以搞个选秀大赛，才貌俱佳的人，才能最幸福？且不说幸福（这事定义实在太多了，就中国起码有十三亿个），就算幸福是一种概率的统计，假设它是所有人都同意的唯一标准，为什么条件好的人就应该得到幸福？换句话说爱情等于评

比吗?

我们这个世界太喜欢竞争了，太喜欢海选了，太喜欢量化了，以至于幸福似乎都可以乘以一个尼基系数换算出来，比如：哈佛出身+企业高管+魔鬼身材=幸福爱情。

在我们小时候，竞争给我们带来太多的好处，例如，我们的幸福是可以用考试成绩换算出来的。然而到了情感的天地里，我们依然还希望用考试的心态期待幸福，那么我们真的考试上瘾了。对不起，这个世界幸福不是属于最优秀的人，换句话说，幸福≠智商，幸福=情商。

> 海归玛丽亚 31 岁了，从小就傲若冰霜，是个冷美人，她美国常青藤大学毕业，形象气质俱佳，只是性格有些挑剔，容易给别人造成压力。无论从学业上还是工作上，她都一帆风顺，身边的同学同事都特别羡慕她。在任何的环境中，她都能得到大家的重视。
>
> 应当说，她很优秀，但不知为何，她恋爱婚姻一直都不顺。她从大二开始交男朋友，一共交往过三个，每一次都是别人离开了她。还有两个，倒是死心塌地喜欢她，她也跟人家暧昧了一阵子，但最终觉得不够喜欢，就放弃了。她身边的朋友基本都结婚了，她感觉自己的机会越来越少，心里特别慌，有一段时期还特别难过。她时常想，为什么自己就不能拥有一个完美的婚姻呢?

白领骨干加精英，我们姑且叫“白骨精”吧。文艺青年中的女白骨精不明白，为什么自己是个那么才华出众的女孩，就是没有个像书里那样的翩翩浊世佳公子生死相许，而是风刀霜剑，残花葬尽，空守闺阁？

这样的女孩子，往往会有一个错误观念：我越优秀，我的爱越多，以前在学校的这个环境里，这句话的确会比较有效，尤其是老师和父母的鼓励。这个法则即使到了职场，还是管用的。只是在情感的世界，游戏规则不是这样的。

情感世界的游戏规则是，我如何与别人产生交集，我们的爱不是因为我们多优秀，而是因为我们多么懂对方的需要以及自己的需要。无论你多么优秀，无论你如何发光，你这个光源是需要有温度的，因为爱就是和温度有关，和多亮没关系。

也许对“白骨精”式的剩女而言，她们的感情世界也是有输赢观的，她们一定要找一个条件比自己好的男人，自己才算真正服对方。但是老实说，如果对方比自己强，她又会产生巨大的心理失衡，因为她是不愿意别人真正超过她的。她希望的是对方又赢过她又输给她，这样矛盾，如何才能真正搞定一个男人？

也许这就是一个悖论，为什么成为剩女会让她感到恐慌呢？是否因为在朋友中，她不再成为中心或者没有人再羡慕她，相反她将成为那些婚姻幸福的朋友们的怜悯对象？

如果是这样，她也是一个低价值感的人，因为她的价值是因为比较而存在的，一旦她发现自己有不如别人的地方，她就崩溃了，因为她的世界里，她是不能输的，只要她输了，她就会失去来自父母的爱，最后泛化到所有爱的关系里。

解决白骨精剩女的第一个问题是，除了这种成为异类的恐惧外，你真的渴望婚姻吗？你在什么样的原生家庭中长大，父母教给你什么样的婚姻观？

第二个问题是，如果你一直生活在竞争中，就会害怕失败，因为你会认为脆弱会让你失去爱。你从小就学会用自己强大的外表，换来父母的欢心乃至对别人的炫耀。成为父母的骄傲是你从父母那里得到爱的重要手段，那么你将倾向于用自己的出色表现保护父母脆弱的自卑和自恋。

也许就是这种补偿父母自恋的行为，让白骨精剩女一直像风箱里的老鼠一样，永远卓越下去，因为她们很想继续为父母的满足努力下去，这种心态往往会阻止她们全心投入到感情中。生活不是竞赛，她们的脆弱、需要，都可以托付给一个人。如果荷枪实弹进入爱情，那么这种爱已经失去了意义，因为爱就是将自己的柔软腹部露给对方，否则那只是一个 110 米栏跑道上的游戏，而非床上的故事。

第三个问题是如何看待你的挑剔。从心理学意义上讲，一个人的外在世界往往是内心世界的投射。如果你对他人的态度是挑剔的，往往也就说明你对自己并不接纳。如果你想进入婚姻，那么首先要做的就是放下全副武装，爱自己，对自己宽容一些。一个追求卓越的人，往往是对自己最苛刻的人，一个人有多看不起别人，就有多看不起自己。

人生中的很多苦恼，都来自我们只用一个标尺衡量世界，现在我们应该知道，以前那套标尺到了升级的时候了。我们需要一把来自内心的尺子，而非那些外界的可量化的度量衡。扪心自问，我真正需要的是什么？爱情就是让我们回答这个问题的。我们一生的所有努力都是在解决成为自己和成就别人的要求之间的冲突。

也许我们的剩下来是一种长期以来对压力的反抗，但总的来说，真正要做的是我们真的认为自己很优秀，这一点无需证明，包括用一场婚礼证明。

卢悦解“毒”

幸福≠智商，幸福=情商。

在追求爱情中，一个人有多看不起别人，就有多看不起自己。

爱情受挫后，感觉人生没有“电”

——没有“电”的背后，是不敢去爱

你等着意中人赴约一起看电影，然而电影开始了，他还没有来，电话也无法打通。此时你有什么想法？大概有四种可能：

1. 他不爱我了，所以就不来了。

2. 他出车祸死了……

3. 他不爱我了，不回电话是因为他出车祸死了……

4. 他路上堵车了，手机没电了……

你会更倾向于选择哪个答案？当爱人不至，我们往往会浮想联翩，这些想象中，有人会担心失去爱人（的生命），有人会更担心爱人抛弃自己；有人一会儿会担心失去爱人，一会儿会担心自己被抛弃；而一个心宽的人会往好处想，根本不会有那么多负面的想法。

第一种选择，我们称之为“回避型”的爱，这种爱的特质表现为对抛弃的恐惧；而第二种选择则被认为是“焦虑型”的爱，这种爱的特质表现为对失去爱的对象的恐惧；第三种爱叫做“焦虑回避型”的爱，这种爱是一种刺猬式的爱，疏远了冷，接近了痛；第四种则对未来始终充满信心。

其实在不同的时刻，这四种模式都有自己的优势；比如一个对抛弃很敏感的孩子，从小生活在一个生存资格经常受到现实和想象层面挑战的环境，这样的孩子往往发展了一种“天气预报”的功能，随时准备着可能发生的糟糕事件。由于他们善于发现危机的预兆，这往往让他们提前采取行动，避免灾难，但这种生存策略如果成为他成人以后的唯一方式时，往往就会有问题。一个人的成熟在于他能够灵活有弹性地面对这个世界，而不是只用一种僵化的固定的方式来做事情，他的现实感要强到发现自己可能在不知不觉中将过去的一切复制在现在。

但说起来容易做起来难。《无常经》云：“世事无相，相由心生，可见之物，实为非物，可感之事，实为非事。物事皆空，实为心瘴，俗人之心，处处皆狱，惟有化世，堪为无我。我即为世，世即为我。”

我们到底有多少个世界？有多少个自我就有多少个世界。这个世界是无意义的，它的意义由我们赋予它，而我们赋予意义的标准是由什么决定的呢？同样一个事情，但在四种依恋风格的人看来，发生了不同的事情。

看上去安全型的似乎是好的应对方式，但老实说，这种风格最好是建立在足够强悍的防御力的基础上，否则，它很容易受到打击而变为其他三种。什么都不能走极端，我听过一个关于极端安全型的人的笑话：

一天茶社里来了一个小孩，急匆匆对一个大人说：“爸爸，家里着火了，你赶紧回去吧。”那个男人听了慢慢说：“等我听完这出《玉堂春》再说。”别人都听不过去了，就指责他，他慢悠悠地说：“反正房子已经烧了，我去了也没有用。”这个世界上如果都是安全感如此“强”的人，也未必是一件好事。

或者说我们人生中的大多数时间都在这四种方式里跳跃，重要的是，我们要知道自己不能只限于其中一种而不可自拔就可以。

什么算是剩女的门槛？有人会选择35岁，有人会选择30岁，有人在27岁就觉得一只脚已经踏了进去。

有一个故事的主题叫做“恐惧”。有时我会被那些一直长期和恐惧为伴的女人的“勇敢”所震撼，她们似乎有无穷无尽的能力去忍受恐惧的滋味，人生的一切快乐似乎都不是她们感兴趣的对象，而甘愿和恐惧一直做伴。考虑一下让火一直烧你手掌的滋味吧，很多人会飞快地将火熄掉，但另外一些人却选择了让它一直留在手掌上燃烧……

路雅是北方人，读大学来到南方，毕业后在南方工作三年多了。她现在27岁，工作和学习都算顺利，只是感情一直空白，大学里喜欢过一个男孩子但终究无缘在一起，这几年也有男生追求，但是一直不来电。在路雅看来，这或许是南北差异的原因，北方女孩子还是觉得北方高高大大的男孩子比较有安全感。其实说实话，现在她也不知道自己该找什么样的人，但是她能做的就是遇到一个否定一个。朋友对路雅的评价就两个词：挑剔，要求高。

当然，她也想过是不是要回北方工作，去北京工作是挑战与机遇并存，对于事业的发展，她还是有充分自信的，但如果她要是选择去北京工作，更多的原因是也许北京遇到心仪对象的概率大一些。但是在浙江这么多年，她已经习惯了这边的气候——比较养人，对皮肤也较好，路雅害怕到了北京，皮肤会变差变老，但是这边的男孩子她基本都不来电。路雅也一直告诉自己，人生无非是看风景的过程，但终究还是功利，做不到那份洒脱。虽然她也这样和朋友一起劝自己，但她对“来电”的需要一直无法摆平。

从小到大，路雅的成绩、能力都能得到周围人认可，但是好像见了鬼似的，小时候她身边的小朋友都特别漂亮，而她皮肤有些黑，所以她对自己的外形总是没有自信。那时，她经常梦想自己一觉起来就变成一个小美女……

稍微长大些她对自己的容貌看法相对客观了：她只是形象普通一些，但是个性鲜明，成绩能力也不错，综合起来其实还是可以的；但读书时自己却来到南方，周围女孩都是莺莺燕燕的婉约女子，让粗犷型的路雅一下子又找不到北了，她又一次开始自卑起来；毕业工作了，她开始回避感情专心工作，这让她找回了自信，周围追求者也陆陆续续多起来，但是此时路雅突然发现他们都不是让自己心动的类型。其实说实话，她现在也迷糊了，不知道自己喜欢什么样的。

路雅的个性还是敢爱敢恨的，但是她不喜欢的人是绝对不会招惹的，她喜欢自己掌控局面，她觉得这可能是自己没有安全感。

还有一件事情对路雅的影响和触动很大，是高中时候发现爸爸的外遇，这让她很崩溃，妈妈对她的灌输是一定要做一个有能力的女人，至少在被抛弃的时候可以不用太凄惨。

这也是她从来不敢轻易投入感情的原因。

路雅也不知道自己到底在迷惘着什么，她不知道她的问题是回北方工作与否还是对于感情没有把握，她不知道这种内心的折磨到底来源于什么，是像婴儿离开母体的不安全感么？是对未来的不确定性么？

很多人都喜欢告诉我他们的梦，让我帮他们解梦。可是我只是让他们将这个梦再彻底地讲一遍，讲着讲着，他们往往就知道这个梦到底在说什么了。如果他们愿意，我可以给他们各种版本的梦的意义，可是这是一件没有意义的事情，因为做梦要别人解梦，无异于骑驴找驴。但是问题在于很多人就是没有一个空间倾听自己内心的声音，我很多时候只是给他们提供一个真正听自己内心声音的空间而已。

一个人离开自己的故乡，远离故土，他要么是在寻找什么，要么是在逃避什么，或者两者都有。一个人想离开一个地方，却又不愿意离开，那么他要么在选择什么，要么放弃着什么，或者两者都有。

我们的人生就像是跑道，起点和终点是一个地方，唯一不同的是我们的经历，当我们再次回到起点时，我们已经奔跑过了。然而同时一个轮回已经到了一个尽头，我们必须要开启一个新的开端。我们的人生就是这样螺旋式发展。有一种奇怪的也许是迷信的说法，那就是女人以七年为一个轮回，而男人是以八年为一个轮回的。不知道这个说法的来源，姑妄言之。

这个说法唯一可以确定的是，我们都走在这种螺旋式发展的道路上。

对路雅而言，她的人生曾有过一个循环，那就是对她相貌的接纳与不接纳的循环。小时周围女孩的漂亮让她有自卑的感觉；在大学时来到南方发现南方女子的妩媚，自卑再次袭来。然而她又有两次反弹，那就是青春期时对自己整体魅力的认可，以及工作后追求者络绎而来时自信的回归。

但是她非常清楚自己不想要什么，但却不知道自己想要的是什么。生命对她而言，似乎是一个谜团。电流在她的字典好像不存在一样。朋友说到她两个词，一个是“挑剔”，一个是“要求高”，我觉得可能前一个词比较合适，而第二词不太合适，因为要求高，起码有要求摆在那里，但对路雅而言，她的标准是模糊的、无法确认的。

什么人不知道自己的所爱？什么人知道自己的所爱？我们认为过去的人生让我们形成了一种对世界的感知标准。比如你没有尝过辣椒，你不知道什么是辣的；如果一个人没有品尝过爱，或者他对爱的感知是痛苦的，那么他就无法确认到手的到底是什么。当然这个解释在很多时候是不成立的，因为很多时候，在没有爱的温暖的环境下会非常渴望温暖，哪怕他们有时无法区分什么是灼伤，什么是温暖，但他们内心往往会潜藏着一种渴望。但是路雅看上去似乎没有这种渴望，她的问题是没有感觉。

那么还有另一些人有可能不知道什么是“辣”，也许他们的舌头根本就“麻木”了。也许他们并不是不知道爱的滋味，只是可能发生了一些事情，最后的结果是我们的味觉被“剥夺”了，这种剥夺相当于在赛场上受伤后，打了“封闭”针，这会让我们可以继续奔跑，当然代价是我们的神经麻痹了，没有感觉了。

也有一种可能，一种味觉覆盖了所有味觉，比如恐惧，比如一种强烈的不安全感，统治了自己的一切感觉，这个人从此所有想法就是如何幸存下去，而非真实真正地更好地生活下去。

小时候，当我们加入少先队的时候，经常会说到的一句话就是“时刻准备着”，可是我始终不知道宾语是什么，我们准备着什么呢？其实即使不用加入少先队，即使离开了少先队，这句魔咒依然对我们发生影响。

我怀疑对路雅而言，这句话填上空应该是：时刻准备着——被抛弃。

妈妈的惨痛经历，无论是事实还是道理都可以成为路雅人生中一个核心信念的支架。

恐惧对我们而言是有好处的，比如恐惧可以让一只松鼠在面对老鹰时有足够的预警和动力逃脱它的致命一击。然而过多的恐惧，或者说当恐惧完全控制了我们的人生，让我们四肢麻痹，僵在当地时，这种恐惧就成为我们死亡的序曲。

当然很多动物会用“假死”来欺骗天敌，赢得逃脱的机会，但它们知道自己是在假死，可是很多人一旦处于“假死”，他们往往就停留在那个状态，仿佛时空停止，而无法从中走出。

一个北方女孩，明明喜欢高大的北方男孩，却要来到南方寻找爱情；一开始她可以以自己的肤色、容貌乃至体格为借口不去接触情感；然后她开始发现自己个性的优点，随后又开始在南方女子面前丧失了自信，接着工作让她找到了自信，终于有男生追求了，结果她却始终不来电。也许她不来电的原因是她根本就没有插上电源。

如果一个人让自己处在一个矛盾的境地中，进退不得，长期困顿，一定自有其道理。如果反向思维一下：僵局有时在某种程度上很有好处，因为这意味着可以形成某些平衡，那是什么呢？

一个时刻都会觉得自己会在感情中被抛弃，时刻准备着留一条逃跑通道的人，一个时刻都觉得情感是危险的人，一个一直生活在妈妈痛苦经历和为父亲的背叛而崩溃的内心冲突中的人，一个渴望温暖却恐惧温暖的人，一个被不安全的感情和恐惧蒙住双眼的人，她怎么会真正涉足感情这条河流呢？

情感是两个人的世界，它的确就是一场冒险，它是一个加法或者说乘法，可是内心对情感的看法一直是减法的人，是无法真正进入情感的。路雅只能找各种借口搪塞自己，甚至会让自己身处某种悖论中，比如北方充满污染的空气会让自己变老这样的担心。如果这个借口不成立，她就再接着找另一个，直到她终于不再有必要找借口为止。

在没有电的爱的背后，也许真正的潜台词是，我们不敢要什么。如果我们始终用一只松鼠的眼睛看世界，那必然是一个可怕的充满伤害的世界，也许我们想找到一个绝对安全的没有任何危险的人，可是这个世界不存在这样的人。

所谓“剩女”就是被挑剩下的女人，或者甘愿被挑剩下的女人。一个人的可悲在于他不能主宰自己的人生，剩女的郁闷在于那些比她们条件差的人都可以有幸福的感情，偏她们没有。给自己树立那么高标准的人，经常是内心不那么强大的人，所以需要某种保证，让自己确信自己是幸福的，也可以证明给其他人看，让自己死心塌地地感到安全和幸福。当她们在一个不可能的游戏中挣扎的时候，也许为的不过就是这句话：时刻准备着，不被抛弃，所以干脆不要参加游戏好了。

怎么办？北方也好，南方也好；高个也好，矮个也好；污染也罢，干净也好；这些东西是否重要，取决于你是否真的拥有安全感，是否真的相信自己。一个有足够安全感的人是时刻准备好冒险和战斗的人，而一个没有安全感的人时刻准备的是撤退。

一般而言，我有一种偏见，那就是，如果你要听一个人说话，往往要听他在最后说些什么，因为前面往往只是铺垫。如果这是路雅说的一个故事，那么在故事快到结尾的时候，她已经有好几个原因总结出来。一开始告诉我是因为她的长相和喜欢的男生类型都不对，才让她无法来电，但是她接着告诉我这和安全感有关，然后又抛出一个“重磅炸弹”，那就是她在高中时发现父亲有外遇，这件事对她打击很大，大到让她相信妈妈说的话，只有自己有能力，才能保护好自己。可是现在她已经拥有了能力，却连一次伤害的可能都没有了。

工作如果是躲避爱的围墙，那我们可以获得安全，但同时也失去了和爱接触的机会。我们可以想象，如果一个父亲的出轨会对女儿造成巨大打击的话，那么这个父亲和女儿在此事发生之前，很可能会保持一种很紧密的连接关系，这种关系可能是以恨的形式也可能是以爱的形式。但无论如何，在女儿的心中，父亲是具有巨大的影响力的，这样一个父亲做出了这件事，伤害的不仅是婚姻，还有女儿对这个世界的安全感。

但我们不能因此过分责备这个男人，因为伤害是一回事，不允许伤口愈合则是另一回事。我头脑里似乎有一个画面，一个对父亲有很多理想化期待的女孩，发现父亲居然做出了有违她一直以来幻想的形象的事情，内心发生了巨大恐慌。然而值得注意的是，这个时候的女孩的目光按理说应该朝外，她的能量应该是关注外部的世界的，但对一些内心没有足够成长的女孩来说，此时她还处于将父亲理想化而非将父亲现实化的阶段，那么这时她就无法接受这种现实。在伤痛之余，她尽可能地逃远，包括离开家乡，可是无论她逃得多远，都发现无法逃避她对父亲的那种眷恋。

一个人如果真的想发展爱情，那么最好和父母的爱告一段落，这不是要和父母断绝关系，而是和父母的爱不再有那么多续集，并由此进入一种长期的稳定的没有太多剧情的状态。我们需要和外部世界开展一场奥德赛的旅程，但如果一个人继续和自己的原生家庭保持这种欲说还休的游戏，那么他对外面的世界是不可能来电的。

路雅要做的是，了断和父亲这段伤害的往昔，没有了断，意味着继续，而继续意味着不愿意放弃对父亲的理想化的幻想，这个幻想如此重要以至于她宁愿付出代价，让青春不插电。还是那句话，我们都有选择权，包括选择进入修道院，但我们要做的是知道自己做的是什么样的选择。

卢悦解“毒”

剩女是有门槛的，这就是心理年龄，有人是 35 岁，有人是 27 岁。

“剩女”其实不是被挑剩下的女人，大多是甘愿剩下的女人。

想嫁个有钱人，怎样才能做到

——美丽让男人停下，智慧让男人留下

怎样嫁个有钱人，这恐怕是这个时代女性最关心的话题。当然我们可以从进化论的角度，来论述这个激动女人心的话题。和男人不同，女人的人生从生物属性上分析是有“孕育生命”这一任务的。从保护自己下一代的天然责任的角度来看，女人需要寻求一个有足够资源供养孩子的男人。在远古时代可能需要男人孔武有力——这可以赢得更多的战利品和食物；仪表堂堂——往往长得比较匀称，而匀称则象征着这个人的健康水平高，繁殖力强；以后可能成为在氏族社会里地位比较高者，这样的人即使沦为战俘，也是有机会被赎回的。此后贵族男子成为女人们热衷梦想的对象。在《简·爱》、《傲慢与偏见》里，对贵族男子的热衷是那个时代女人从进化论角度的“自然倾向”；当贵族没落，资本家崛起的时候，血统的高贵与否不再那么重要，变得重要的是流通领域可以立即“套现”的金钱。

另一个女孩也提出“怎样嫁给有钱人”这样的问题，其实就像男人如何“娶个明星老婆回家”一样，都是灰姑娘和穷小子的白日梦。这个问题的关键词是有钱人，那么你看中的如果只是钱

的话，那么那个有钱人就会捂住他的钱袋子，因为你是个抢钱的。

提出这个问题的女人往往条件不错。如果你在大街上，忽然有个人走过来说，我想认识你，因为你很漂亮，我想把你带回家。你会答应吗？

那么漂亮的你，为什么不会接受呢？因为这样的男子，只把你当成了妓女，或者说只看中了你的肉体，而对你的思想和灵魂，毫无兴趣，这样的“零距离”接触，其实是“离题万里”的。

每个时代都有一批最受欢迎的配偶人群。比如改革开放前，又专又红的家庭背景是最让女生心动的“硬通货”，一直到上世纪90年代前，公务员背景的男生也是让女人倾心的群体；现在风水转到了拥有财富的人群大受追捧了。

我们不管这些可悲的男人了，我也不想扮演一个道德卫士，在这里大力颂扬真爱可以藐视“阿堵物”。事实上，没有人可以跨越对金钱的爱好，或者说金钱只是一堆纸张和金属，它们不可爱，可爱在于它们可以兑换的内容。

如果嫁给一个有钱人算是一种追求的话，我们发现其实这不是一个多么容易的事情，比如说邓文迪与默多克，杨澜与吴征，这似乎是很多女人所追求的楷模。她们证明，灰姑娘在某些时候，是可以走入有钱人的宫殿，成为这个宫殿的女主人的，电影里反复出现的那些情节不是我们的意淫。

在一家婚恋网站上，对单身男女单身原因的调查显示，有40%的男性认为，他们之所以找不到老婆是因为他们的自身条件不够好。

我曾听说过上海有一个百万富翁俱乐部，专门为这些富翁们量身定做各种适合他们的婚姻对象。他们在豪华游艇上举办百万富翁参加的相亲会，那些经过精挑细选的女孩上了游艇，双方见面。成功率如何？只有鬼知道。

为什么我会用一种相对负面的视角看这个事？因为我知道，太有目的性的东西，往往会毁于其目的性之上。我们都想要有美好的生活，我们都想和比我们更出色的人在一起，因为物以类聚，人以群分。人是需要有归属感的，所以英雄有美女相伴这是天公地道的事情，但问题是这个事情会有一个悖论在其中：当你想嫁给有钱人的时候，你知道有钱人们想的是什么吗？你想要从有钱人那里得到一种幸福的生活，那么这个“金主”为什么要把钱都花在你身上呢？为什么不是别人？

如果你想嫁给有钱人，也要知己知彼才可以。比如有个女孩告诉我，她的妈妈天天在她面前宣讲，你这么好的条件，赶紧趁年轻，嫁个有钱人，这样就不会受苦了。

既然有钱人属于“稀缺资源”，也就是卖方市场，那么我们猎取这样的人群，那当然需要相当的本事了。建议有此宏愿的女性，参读张爱玲的小说若干，以及简·奥斯汀的小说若干，甚至是《飘》这样小说也是必不可少的。

你会说，如何嫁给有钱公子的小说，网络上汗牛充栋，成筐成篓的，还用读那几世纪前的小说吗？此言差矣，现在很多以和有钱公子交往为内容的小说大多属于纯“意淫”小说，也就是一个灰姑娘不知怎的撞了狗屎运，天上掉下个贵公子非你不娶了，一堆又帅又有钱又有家世的王孙公子弃若干美女不顾，专攻你这个姥姥不疼舅舅不爱不解风情的笨姑娘，这都是骗你感情又掏你腰包的。

这样的梦偶尔做一次是没有关系的，但如果你指望着把这种白日梦里的口水一样的书籍和影视资料作为走入有钱人殿堂的教科书，那你真的需要量量体温了。

如果你的美丽是贬值的，而他的金钱是升值的，那么这笔交易会渐渐不划算了。剩下的会是什么呢？一个深宫怨妇还是一个祥林嫂式的纠结的女人？如果你不能为你美丽的皮囊赋予意义，就像是一个有钱人不能驾驭他的金钱，而只能狂嫖滥赌一样；其实有钱人的生活并不太符合白日梦的幻想，当你拥有巨大的资源时，你就要有驾驭这个资源的能力。

有钱人的幸福生活往往是个悖论，它的难度比一个平头百姓一起过日子的难度增加了好几倍。因为钱和利益会将人性的弱点以及冲突放大很多倍，幸福的难度相对也就大了很多。它要求的是你的智慧要对得起这么多钱，否则就不是你驾驭钱，而是钱把你玩了。

有一句话要赠给那些年轻的一心想嫁给有钱人的漂亮女孩：美丽让男人停下，智慧让男人留下。你的美丽只是皮囊，这个世界总会有比你漂亮的女孩，即使你是最漂亮的女孩，你也会被岁月打败的，不信的话请参阅《白雪公主》的一开始。那个全世界最美丽的女人发现原来自己的美貌是要消逝的。

怎样嫁个有钱人？我给你的建议：首先要知彼。有钱人在择偶上的第一个情结是，“你是爱他，还是爱他的钱？”这句话的潜台词就是万一我没钱了，你还会跟我吗？他们会怀疑你是冲他钱而去的，将感情当成了生意，而他们在生意场上尔虞我诈，回到家还要继续动心眼，累不累？毕竟，看上去你是家境不平常的人家出来的，这疑问是天然存在的，如果你真的冲着钱而去，认为钱是安全感和幸福的标志，那么你很可能会发现，你也成了他买来的商品之一，有钱人身边最不缺的就是这种女人。他们害怕被人算计，不想在被窝里还这么钩心斗角，所以他们也早看透了你的心思。

有钱人的第二个情结是，他们害怕被你的穷亲戚“惦记上”。我曾有一个富有的朋友，他和一个“灰姑娘”结婚了，后来没两年，就离婚了。因为他发现自己已经成为老婆家乡的投资大户，要负责她的庞大家族所有人的就业养老和赚钱事宜。钱不是问题，但这种被敲竹杠的感觉很糟糕，他烦得不干了。

有钱人的第三个情结是，他们希望有个懂得照顾他的老婆，而不是一个等着自己照顾的小公主。做有钱人的老婆和做平民的老婆区别在于：有钱人家大业大，管理他的家务，不亚于经营一个小型的企业，而且还要能让一个在外面打拼到底的男人回到家得到彻底的放松。因为钱多，是非也就多，现在中国的有钱人还没完全发展成豪门，相对还好处理，再过十年，恐怕真正的有钱人都开始以家族的规模出现了，那时估计就没穷姑娘什么戏了。

现在该了解你自己了。为什么有钱人会选择你？美貌？有钱人选择面宽，即使你倾国倾城，也难敌岁月这个大敌。美貌是这个世界上最不靠谱的东西，如果你只有这一招，那么你如何面对那些伺机而动的女人们？

因为你纯洁？不说别人了，提出这么处心积虑的问题的你，已经不再那么纯真了。

上得厅堂，下得厨房，这是很多男人对女人的理想化，也是一个起码的要求。上得厅堂要求的不仅是美貌，更是智慧和气质。你如何帮你的有钱老公打开他事业的第二战线——如果他在生意场上是正面突击，那么你作为夫人，可以走的其实是第二条战线，要有可以团结一切有钱人的太太的能力。看看《潜伏》中翠平如何和余则成搞好夫人战线，真是值得好好学习。

下得厨房，懂得吹枕头风。女人是天生的外交家，当你的有钱老公生意遇到困难的时候，家是他的坚强后盾以及最温暖的港湾，你的女性智慧还可以给他启发，让他感觉到你对他的价值的承认和欣赏。而他也不再将你看成花瓶，而是看做红颜知己，一生珍重。

说一千道一万，归根结底还是一句话，你看上有钱人是因为欣赏他的能力，他是一个成功者，这是最吸引女人的地方。成功和成熟，是一个男人最大的本钱。如果你欣赏这样的男人，愿意跟他荣辱与共，一同作战，这才能让他真正接纳你，并引你为一生的伙伴。

我的建议是，不如你先想想自己，到底有什么资格和能力支配那些资产，如何赢得支配这些钱的人的尊重。一个花瓶的命运，不会太美妙。

和有钱人玩感情，就像是李小龙在电影里的过关斩将游戏一样，你到底有什么特异功能，才能和一个拥有巨大资源的男人共舞？灰姑娘有巫婆的帮助，你有什么？你的价值在于无人可以替代，就像他的钱一样，只有这样的交易才能长久，否则只是短期的买卖而已。

卢悦解“毒”

美丽是贬值的，金钱是升值的，幸福与钱有时候背道而驰。

个人价值在于拥有无人可以替代的东西，就像有钱人的钱一样。

只是因为害怕寂寞才去爱

——绥靖之爱是不设防的，共同成长才是本义

在与不少朋友聊天中，有相当多的人会这样说起当初走入感情的动机：我只是因为害怕寂寞，我只是想找一个人来陪，我只是因为空虚……

小月从事着一份让大多数人眼前一亮的工作，人也长得很漂亮，就像一个陶瓷娃娃一样清秀可爱，但是她却告诉我，她很孤单，很空虚，日子好像没有了盐，味道全无，寡淡得让人窒息。

还没等我说什么，小月就自言自语地说，可能是因为缺少爱情吧。原来，爱情就是她的盐，症结就在这里。我提醒她，为什么不去热热闹闹爱上一场，我相信她的身边绝对不会缺少求爱者。

小月跟我说，她也有过心动的时候，可是每次谈的爱情，就像是去饭馆吃饭，当时吃得酣畅淋漓，可等酒足饭饱以后，却感到油盐味太重，有些油还可能是地沟油，就会觉得恶心，而对爱情她有类似的害怕。

于是小月很彷徨，她不知道怎样才能找到适合自己口味的“饭菜”，男朋友谈了不少，就像走马灯一样换不停，频率就像她更换吃饭的饭馆一样，在寡淡和恶心之间，她不知道该如何选择。

还有一位朋友春涵与此类似。

春涵今年25岁，和前男朋友已经谈了5年多的恋爱，她觉得他们的关系一直以来还是不错的。他们开始建立恋爱关系的时候，自己的家人反对过。当时因为一个人在外求学，觉得很孤单寂寞，这时候有个人陪着她，对她很照顾，春涵就不顾家人反对，情不自禁地和男友在一起了。虽然大学时他们不在一个学校，差不多一个月才能见一次，但也聊胜于无。其实，春涵对男友没有太多“感觉”，自己也感觉对这份感情不是非常“执著”，和男友分分合合很多次，都被男友挽留回来。

可是终于有一天，男友再也不挽留她了，要离她而去了。春涵在毕业之前认识了一个比她小两岁多的男孩，他们是在网络游戏里认识的，刚开始是这个男孩追求她，而春涵觉得他们不可能，她已经有了“主”，更何况，她觉得网恋很不靠谱。可后来在长期相处中，春涵渐渐喜欢和这小男生在一起，他们甚至在游戏里结婚，称呼也日渐暧昧。男友发现了她在网上的情缘，备受打击，他气急败坏地打电话骂那个小男生，甚至放出话：如果小男生不退出，他就要把他弄残。

事已至此，春涵决定和男友分手，想一个人独住。男友没地方住，自称要去深圳赚钱去，只是在她这里暂住，春涵没想到，他这一住就是三个多月，这段期间他们总是吵架，他甚至偶尔会对她动手。男友不让春涵跟那个小男生在一起，他还说她背叛了自己，这些是她应得的报应。春涵能感觉到这个男人还很爱她，可是他那样的爱太恐怖，当初就算是她背叛他，分手了难道她要一辈子在他的阴影下生活吗？

关于这两个朋友的故事，我觉得有两个关键词可以概括：寂寞、边界。

我们先谈谈“寂寞”这个词，一个人什么时候最容易寂寞？大概在18到30岁之间，我们可以称之为“社交时期”。这时候，我们往往开始了和社会接触，我们的孤独感不再只是放学回家无人陪伴这么简单了，我们的孤独感开始纵深发展。在这个时期的人会进入一个情感的饥渴期，就好像是一只小狐狸终于离开巢穴，开始建立属于自己的世界，而不在原来的巢穴里，躲在妈妈的怀抱里一样。换句话说：如果没有这种孤独感的驱使，我们可能不会有那么强的动机进入感情，乃至构建婚姻。但是如果我们太容易被这种孤独感所驱使，或者让我们进入感情的唯一或者说主要的动机就是为了驱散这种空虚和寂寞，那么这段感情必然是先天不足的，因为它只是为了满足我们的表层需要而存在的。如果我们只是为了一个有呼吸有热气儿的人在眼前，让自己觉得不是一个人在“战斗”，那么我们必然会因为“生存性”的需要而牺牲很多“发展性”的需要。

从孤单感的生存性的需要到发展性的需要有四个递进的层次：陪伴→分享→支持→成长。

第一个层次是陪伴：两个人在一起，今天我陪你去公园，明天你陪我见哥们儿；今天我陪你上课，明天你陪我逛街……我们两人待在一个屋子里，你玩游戏，我看电视……这些都属于陪伴式的共度。两个人在一起，但各做各的事或者即使做同样一件事，都没有“心理层面”的交流，只是“物理层面”上的交流。

第二个层次是分享：两个人有一些交流，比如散步、吃饭的时候，说一说今天发生的事；对看的电影有什么感受；对某一个朋友有哪种看法……

第三个层次是支持：对于某件事，你可以给对方出出主意，或者两个人讨论后意见一致，说得投机，你能够赞同对方的某个看法，对方失意时给他一个拥抱……

第四个层面是成长：两个人对很多深层面的问题，比如一些终极的问题如人生、哲学、意义层面有比较深入的探索，彼此都有一些挑战，而这些挑战会让彼此都感到成长和深层的放松和宣泄乃至改变，那么这种陪伴是富有“创造性”的，不是“填空”式的。

我们可以就此标准看看春涵的孤独感解决在第几层面。很有可能，她和男友的关系大概只在第一个层面，或者最多到第二个层面——只停留在事情和对事情的看法的陪伴，而没有真正心理意义上的陪伴。

如果是这样，那么我们内心更深层的寂寞之痒是无法被“搔”到的。那么“游戏男友”的出现，是一种偶然中的必然。我们的需要总是先于我们的意识而随时准备着被满足，在我们知道以前就为我们寻找了合适的满足自己的对象。

我们往往不知道我们在寻找什么，但我们的潜意识会知道。所谓的缘分都是我们不知道的自己的那部分安排的。

虽然一个是在现实中和春涵在一起，另一个只是在网络中作为一个“虚拟”的存在，但是网上的男友战胜了现实中的男友。可见孤独和寂寞看重的是质量而非数量。这就是诗人们最爱描绘的主题：你坐得离我很近，可是你的心却离我很远——两情若是久长时，又岂在朝朝暮暮？

其实，当春涵终于找到了一个更能满足她深度寂寞的需要的男人时，已经证明她终于成长了，而且跨越了第一个层面的简单的物理陪伴阶段，她要的不再只是“生存”，而是“发展”了。为了跨越这个阶段，她通过无数次“分手”来反复尝试，但最终，她决定不在这个关系中存在是因为她看到了这个关系的危险。那就是爱不都是好东西，有时候爱可能是很可怕的玩意儿，就像是火和电，它们使用得当就是好的，使用不当会要命。

也就是说，当她的男友提出死亡威胁的时候，她终于看到了他们关系的实质：控制。

说到“控制”，好像是个很可怕的字眼，但还是那句话，我们知道我们之所以为中国人，是因为我们的老祖宗比我们看事情更明智，他们知道万事万物，存乎中，则得其利，求其极则受其害；可以说这个世界上没有什么坏东西，只要做到了“中庸”二字，都是好的。一旦到了极端或者极致，都会散发一种危险的味道。

比如“控制”，在感情中，哪能没有这两个字存在？作为“控制”的实践者，爱的排他性和唯一性就是一种强烈的控制，但控制如果走了极端，或者爱的内涵退化到只有控制，那么这就已经不是爱，而是一种绑架。

什么样的人，喜欢成为“爱情绑匪”？就是那些活在爱的生存底层的人。这样的人，比如春涵的男友，就是活在强烈的恐惧中，什么样的恐惧？可能是孤独的恐惧、被排斥被抛弃的恐惧、被拒绝的恐惧、被忽略的恐惧、被否定的恐惧……

在学校中你会看到有的小孩子会心甘情愿做另外一些小孩的跟班，哪怕被羞辱，被打击，也会赔着笑脸和他们一起混。你会很好奇，为什么他们会折辱自己的脸面，而非要和那些人在一起？原因很简单，和一个人孤独相比，哪怕被小伙伴奚落，他也可以感到自己是存在和被接纳的，有归属感的。这是一种很奇怪的安全感，人都是需要一种联结感的，因为人是群居的动物，对群居的动物而言，如果你落了单，就意味着毁灭。这种对毁灭感的恐惧来自我们的远祖，一个被群落抛弃的人类，面对的世界是很可怕的，因为人只有群居才能生存，而一个人面对豺狼虎豹的时候，他的种种劣势就暴露无疑了。所以，哪怕这种联结感是以牺牲很多利益为代价，包括自尊和价值感在内的，很多时候，我们也会毫不犹豫地选择放弃自己的一部分利益。

从小缺少联结感的人，往往会不惜一切代价去“存活”，也就是说，对他们而言，他们最擅长的不是如何发展，而是如何存活，或者说他们认为自己就没有能力或者资格获得更高层面的幸福，而只能维持着某种“温饱”层面的满足。

这样的人，一生中最重要的一份工作就是“控制”，他们以控制为获得微薄幸福感的唯一手段，灾难性的毁灭想象一直会让他们挣扎在恐惧中，让他们无法真正发展更深层的需要。于是他们就陷入了一个悖论：控制最终换来的不是满足，而是再一次伤害，而伤害则让他们更加努力地控制，这个恶性循环最终会让他们从一个极端走向另一个极端，最终换来的是他们最恐惧的毁灭。

现在我们该说说春涵了，她好像是“控制者”的反面“被控制者”。在心理学层面上，她和男友其实是一个硬币的两面，都是以最底线生存为人生的最高原则的。

看看春涵这样的人做的很多事，你会有些好奇：是什么让春涵允许一个男人如此侵犯她的个人空间？这个男人已经和她分手，却还能和她住在一起，居然还能和她争吵，还能打她，不知道他是否支付他的房费，如果没有的话，那真正是史上最恶房客了——是谁让她接纳她这样的行为模式？

不得不说，看上去很无奈也很受伤的春涵，必须承担部分责任，这也是我们常说的，可怜之人，必有可恨之处。其可怜之处，看上去似乎是这个男人处处进逼，但从另一个角度，是一个女东郭先生步步退让——教会和纵容了他的种种行为。当春涵允许他一次次侵入她的空间，她有什么收益和获得？也许是害怕寂寞？又是什么让她如此害怕一个人，宁愿有一个人可以主宰她的生活？

春涵的自我边界好像一个没有篱笆的围墙，前男友可以随意来去，是什么让她成了一个不抵抗主义者？是什么让她无法保护自己？

一般而言，没有太多边界感的人，往往在小时会是乖小孩，因为乖可以得到父母的认可和赞赏。其实所谓的“乖”在中国人的语境里其实就是一种自我边界很低的代名词。当一个人带着这种乖的性格倾向长大时，从小到大已经习惯了他人的任意干预，因为从小他就被教育：捍卫自己的需要和权利是要受到惩罚的。

比如一个孩子不愿意学钢琴，妈妈边痛殴他，边告诉他，这是为你好。结果孩子就学会了，自己的需要不重要，自己的需要是不可接受的，父母的需要才是他的需要，父母的需要才是真实的、正确的、毋庸置疑的。每当他这样认为的时候，就可以获得父母的爱，于是一个没有自我的人就此养成了。

对其他人而言，说“不”不是一件大事，但对春涵这样的乖乖女而言，说“不”意味着她们要向自己已经被驯服的人生告别。我想这不会很容易，但可以做到，需要有决心。

如果说句非常没有同情心的话，也许春涵需要感谢她的前男友，他的闯入让她意识到，做个乖女孩，已经无法应付这个复杂的社会了。当她没有自我的时候，不会得到父母的微笑，而是男友的侵略和进一步伤害，她是时候要学习捍卫自己的家园了。

所以真正让春涵不设防的，不是这个男人，而是她的绥靖政策，她的不抵抗政策。到了今天，她的内心深处也许还在相信，可以用这种方式得到爱。有时我们往往会因为爱一个人，而用各种方式证明他们在我们生命中的存在，比如我们发现自己会无意中像爸爸妈妈那样做事，自己的习惯和自己的姿势都有父母的影子，有时甚至是痛苦，也是一种对父母的爱的忠诚。如果我们和父母的关系是一种痛苦的联结，我们就会用痛苦构成我们的生活，因为痛苦之上闪耀着爱的光芒。

我有一个朋友，他是一个很成功的人，从小就练毛笔字，按说字应该很好，可是他一到写字的时候，就会写得歪歪扭扭的。相隔五年后，再见到他，发现他的字大有进步，问他为什么，他也说不清楚。我问从什么时候开始的？他沉吟许久，忽然说了一句，从我父亲去世开始……

他写字和父亲去世有什么关系？原来他的父亲是个业余书法家，从小就训练他写字，可是他无论如何就是写不好。可是奇怪的是，只有他写字的时候，他的父亲才会和他在一起，其他时候，父亲对他都很冷淡。往往他写字写得不好时，父亲会大发脾气，他练字的习惯甚至到了成年，每次回家过春节，他的爸爸都会要他当场写字，在一边指导。

说起来，父子俩就是靠写大字来交流情感的，而说到后来，我的这个朋友忽然泪流满面地说，他现在明白了，他在父亲在世的时候为什么老是写字很难看，因为他害怕如果他写得好了，父亲会失去了和他在一起的理由。我相信直到今天他才明白这一切的意义，而他们父子俩就在做着一件大家潜意识层面知道，但意识层面不了解的默契的事情。他们是通过这样的事情联系在一起的，而一旦他写字好了，这种指导关系就只能告一段落了，而父子在写大字之外是没有机会“联结”的。

“二十四孝”故事中就有一个老头为了让父母开心，穿着小孩的衣服在地上滚扮婴儿。为了和父母的爱永远在一起，我们宁可永远保持一种孩子的状态。比如像春涵这样的乖孩子，他们必须保持没有边界，以维系和父母的爱，准确地说，他们会将这种爱的方式复制到自己的恋爱形式中。总的来说，他们并未离开父母，只是身体上离开了，而在内心深处，在脸的朝向上，他们依然还向着原生家庭。

我们应该明白，对春涵这样的女孩来说，她们今天面对的，其实是要对二十多年的人生模式做一个告别。对这些将爱和痛混为一谈的人来说，更需要明白一点：如果她们的父母真的爱她们，看到她们为了爱父母而牺牲了自己的边界，乃至会用一生来践行原生家庭所形成的行为模式，以此向父母致敬或者说表明自己是父母乖孩子的话，父母绝对不会愿意她们如此之不幸福。

爱的本意就是让彼此幸福，否则那就是一种恨，或者一种恶意。还是让我们回归爱的本源，我们总要长大，长大意味着我们终究有一天要重新检阅我们的爱、我们学习到的本事。如果你搬过家，你会知道每次搬家你必须要舍弃一些已经明显不能再用的东西，尽管它们在过去对我们很重要，但是在你启程的时候，你必须要将它们放下，但同时你将携带着过去的，并在今天依然有用的东西前行。

这就叫新陈代谢，或者说长大，我们不再囫囵吞枣，我们发现自己有五脏六腑消化吸收生活加诸我们身上的一切。我们是有选择的，让我们有选择的是我们父母的爱的本意，那就是他们希望我们快乐、幸福，我相信天下绝大多数的父母都是抱有这样的意愿的，只是这个意愿往往并不能化作现实。我们的任务就是继承父母的意愿，让我们自己幸福。

如果说过去我们通过不保护自己来保护父母对自己的爱，那么现在，我们可以通过保护自己来保护父母对我们的期待，那就是我们一定要幸福。

也许当我们想清楚这一点以后，我们就可以从小孩子的状态转化为现在的模样，我们可以从过去的咒语中解脱出来。我们还有各种可能性，而不再按照从小到大的僵化模式去徒劳地寻求爱了。

卢悦解“毒”

以爱的名义去控制他人，实际上是爱的绑架。

从小到大僵化地寻求爱，没有出路，自己的需要才是真的。

每到过节时，总感觉孤零零的

——放下恨，对内心的小我多一度爱

这个世界上，有一些主题，我们会在人生的不同阶段遇到。有些人会不断重复某个主题，有些人可能卷入的程度不深，但毫无疑问，这些课题是我们几乎每个人都要经历的，比如孤独、死亡和绝望。

换句话说，我们一生的任务似乎就是为了这些主题而展开的。有些人选择与这些主题为敌，有些人选择拥抱这些主题，有些人选择被这些主题吞噬，每个人都会有自己选择，但是却是那么的似曾相识，却又不可理喻。

这么说起来，似乎有些虚，那么也许我们可以探究一下，这辈子，什么对你最重要？有人会说金钱、事业、家庭，那么如果我做一个不识趣的孩子再问你：为什么这些东西对你这么重要？你可能会说，因为金钱和事业以及家庭能让我感觉到被尊重、被接纳、被欣赏和被认可，感觉到我是有价值的，我是好的，我是有归属感的，我是有爱的，或者说，我是有联结感的。

我宁愿相信，我们所有人内心都有一个种子，就像蒲公英一样，可以飞向四面八方，或许在悬崖间，或许在盐碱地里，或许在肥沃的黑土里，或许在墙头之上……总之，我们被不同的或者相同的风以及气流裹挟着，飞过相同的或者不同的天空，来到相同或者不同的土壤，经受着相同或者不同的雨露与阳光，与相同或者不同的其他蚊虫野兽遭遇过，我们发芽、长大、哺育，然后继续将怀里的种子撒向天空……

我们都是蒲公英，却又是那么不一样的蒲公英，我们都带着相同或者不同的宿命，但却在每时每刻都有着各自的选择。

比如孤独，人所能及的它的底线到底在哪里，我们几乎无法测量，达摩面壁十年参禅而自得其乐，而我们在人群的簇拥中，繁花如锦，却依然充满了深入骨髓的孤独。这到底是为什么？

也许因为我们每个人的选择不同，选择什么？选择我们的视角，选择我们的观念，选择我们的情感和行动。

我们的人生恰如毛细血管一样，是一个无穷多岔路的网络，我们每时每刻都在做着选择，而决定我们的选择的是我们的选择。这句话好像有些绕，也似乎是一句废话，可是很多人就是在这上面没有想明白。我说的想明白起码分两个层面，一个明白只是脑袋想明白；另一种明白是全身上下每个毛孔都想明白的明白。

也许这像一个迷宫游戏，如果你有眩晕的感觉，那么也许你已经接近了人生的本质。

孤独并不只是哲学家的游戏，这门功夫是我们每个人的必修课，而且关于这道题的考试，我们一直在进行，只是有些人一直在用小学数学的方式解题，而有些人可以用微积分来解题，方法没有错，错的是我们在解什么程度的题。

有一个女孩，姑且起名叫“我好恨”吧。“我好恨”最近越来越觉得孤独无助。首先是她感觉家人忽略了她。“我好恨”家有六个孩子，她的童年并不快乐，小时候“我好恨”经常哭，没上学之前，她整天缠着妈妈，老是挨妈妈打骂，她那时总觉得家人嫌弃她。现在想起来，有好几次家人在吃饭，而只有她一个人贴着墙哭泣。小学四年级之前，她一直在逃学，总是她在前面哭着跑，妈妈在后面生气地追。很多次她哭闹，听到妈妈总是很无奈地说：我怎么有这样的孩子？早知道就不应该把她生下来！从很小，她就觉得自己好像是多余的。

从四年级开始“我好恨”的成绩忽然好起来，爸妈开始看好她，可“我好恨”一点也不快乐，她觉得他们只是看在成绩的分儿上对她好。平时在家里“我好恨”很沉默，跟家人很少交流，更不敢有什么要求。上了大学她尤感伤感，父母几乎对她不闻不问，只是她每隔一个月往家里打个电话，他们之间才有联系。尤其是这个学期，父母给她交完学费之后就不管了，“我好恨”没生活费，也不想打电话回去。无独有偶，家里哥哥跟爸爸关系也很紧张。

现在节日到了，看到同宿舍的同学都有家人打来关切的电话，不是叫去玩就是叫回家，都高高兴兴地回家的回家，去玩的去玩，只有她无人问津，她好恨啊！往年“我好恨”都会打电话回去的，可是今年一想到可怜巴巴地打电话回去，她就生气，宁愿一个人发呆！

现在想起来，“我好恨”对那个家的感情很纠葛，从小爸妈就一直争吵不休，好几次都威胁说要离婚，可能是为孩子们吧，最后都不了了之。她不知道这些对自己的这种性格是否有影响。

“我好恨”注意到，她自己很自卑，性格也很内向，很敏感。她总觉得没一个人可以信任。跟同学也只是泛泛之交，偶尔在一起说说话，开开玩笑，很少一起玩，似乎一到节日他们就忘了她了，在同学之外她更是没什么交际。最近晚上睡不着，她就开始想家，可是这家好像不要她了，这个世界好像很冷清，她一想到这里，眼泪就不停地流。她好无助，好痛恨这样的生活……

为什么给这个主人公起名叫“我好恨”？因为这个故事来自一篇博客留言，她给自己起的网名就叫做“我好恨”。“恨”是“爱”的反面，而两者构成了我们人与人交往的“硬币”，我们有多爱一个人，往往就可能在某个时刻有多恨某个人。

我们特别“恨”某个人，往往因为我们在这个人身上寄予了太多的“爱”，由于这些爱无法满足，而导致一切的逆转。比如希特勒非常恨犹太人，他为什么那么恨？可能有很多很多解释，从心理学溯源去看，这个人甚至被怀疑性器官有残疾，而且有人格障碍和精神病倾向，他一直生活在底层，有一个痛苦的童年和一个疏离的妈妈以及喜欢施虐的爸爸。总之，一个充满了恨的人，一定是一个对恨有超强承载能力的人，不是他想要承载，而是为了生存，他必须要发展出一种吞咽恨的能力，但这些都是囫囵吞枣，没有办法化解，因为这超出了一个孩子的能力。

这些恨如果一直都没有消化，那么它可能就会堆积在我们的肚子里，最后就会便秘——我们无法将那些难以下咽的痛苦消化掉，让我们的肚子没有空间容纳得了幸福。

一个人如果长期与恨在一起，他往往会爱上恨，就像一个孤独的孩子，在父母给他只有寒冷、疏远和暴力的时候，他失去了依靠和安全感，就必须要寻求阳光。如果没有阳光，他必须要活下来的话，就必须成为一个“喜阴植物”，或者说，他必须要学会“自己照顾自己”，可是这个孩子没有能力照顾自己啊！因为他毕竟是一个孩子，无法在受人欺负的时候保护自己，无法在遇到困惑时自己拔着自己的头发脱离苦海，更无法在同学羞辱自己的时候，让自己的父母有一个值得敬仰的职业……所以他必须依靠幻想，幻想自己是个神，可以解救自己，或者痛恨自己现在这个没有能力的样子。

这样的孩子长大以后，往往会继续将自己陷入孤独，因为他们就是靠恨自己乃至恨其他人将自己解围的，通过将能量转移到恨，他们可以安全地长大，但同时也付出了巨大的代价，那就是更长久地待在痛苦之中。

这是一个小孩子解决痛苦的方式，将痛苦一口气吞咽下去，因为太硬无法咀嚼，一方面貌似吞下去，另一方面因为其实没有消化而导致无法将痛苦排出，长久以来，这个痛苦可能会将肚子胀爆。

回到“我好恨”的家庭，我很难想象一个有六个孩子的家庭会是什么样子。我眼前浮现了《动物世界》中曾看到的一个场景：一群小鸟雏拼命伸着脖子，争抢着鸟妈妈衔的食物。龙生九子，个个不同，因为这么多孩子要分享父母的爱，必然要“八仙过海，各显神通”。

我不知道“我好恨”的其他兄弟姐妹是如何和父母相处的，但我相信，她的人生似乎被分成两部分。四年级之前，她用哭闹寻求父母的爱；但在四年级之后，她选择成为一个让父母少操心的乖孩子，乖到让父母可以忽略她，她试图用成绩来换父母的爱，但这是个悖论，因为它同样意味着这种爱是有条件的。她即使获得了父母的“看好”依然会欲求不满，她分不清他们到底是爱面子还是爱孩子。

后来上了大学，似乎父母对“我好恨”的看好告一段落，她又该如何获得父母的爱？哭闹已经被证明是无效的，甚至会让母亲说出那么可怕的话：要是没生她就好了。也许是这句话吓住了她，让她不敢再提出自己的要求了。而她也没有什么再引起父母“看好”的“鱼饵”了，也许父母开始过属于他们的生活，而她却不习惯过属于自己的生活了。

让人尴尬的是，她正处在一个人一生中的“离巢”期，大学时代，当很多人都把目光投向外面世界，试图张开翅膀在广大天地翱翔的时候，她还将目光转向家里。因为她可能甚至连青春期都没有完全度过，在某种程度上，在她伤口痊愈之前，她是无法真正展翅高飞的。

一直以来，她都在强烈地呼唤父母的爱和强行自我压抑的冰与火的世界中生存，这些痛苦羁绊着她，让她觉得自己没有力量面对外界的人际关系和挑战。

其实很多人，都在生命中的某个深切创伤中，全心全意地沉湎于做一个“可怜虫”的角色中：一边可怜自己，一边痛恨自己如此无力。我们的伤害不是真正来自父母，而是因为不肯放下父母曾给过我们的伤害，然后一直让这伤口不去痊愈，于是对自己的指责成为一种自动的程序，会不时蹦出来，自动运行，自我伤害。

如果我们真的将爱和恨看成一个硬币的两面也许会发现，有时我们会以恨的方式，或者以痛苦的方式保持一种和父母的联结。比如如果父母是不幸福的，那么儿女的幸福有时在某些过分“爱”他们的孩子眼里似乎是一种“不孝”，也许他们在以让自己过得很不愉快的方式表达一种和父母的一致，或者“爱的忠诚”。

用一句不地道的话来说，父母们长久以来一直为这一家的孩子们活，而这些孩子也一直努力地为父母而活，以至于看上去好像“我好恨”上了大学，如果没有来自父母的信息她就无法找到幸福。她虽然已经二十多岁，可是却缺乏这个年龄的年青人眺望远方，迫不及待冒险的冲动，她的所有关注点还只是在父母和她的原生家庭身上。

也许当她的父母辞去了自我牺牲的职务，也免去了她用学习来调和家庭矛盾这么一个工作以后，“我好恨”才能开始面对一个选择，那就是她什么时候可以为自己活着。或者说，除去为父母的开心活着以外，她还有什么属于自己的人生？

也许这么一次郁闷，从长远的角度来看，“我好恨”不得不去面对这个世界，开始组建属于自己的世界，而不能再将所有的幸福继续维系在父母身上，毕竟她已经不是四年级的小孩子了。虽然我们今天的所作所为有时真的会被这样小的内心的孩子影响，但现在我们真的已经是成人了，我们可以拥有我们的生活，这是一种解放，虽然这解放来得迟了一些，但毕竟还是来到了。

虽然有些陌生，有些别扭，甚至恐惧，但毕竟，到了我们组建自己世界的关键时期了。放下恨的最好方式，就是不再排斥过去那个因为小而显得无能的自己，对我们内心的小孩多一些爱，爱到天荒地老，不死不休。

卢悦解“毒”

特别“恨”某个人，往往因为在其身上寄予了太多的“爱”。

如果我们很难离开父母的窝巢，就难觅到自己的爱巢。

☆ 即使没有白马王子，你也可以做自己的女王！

☆ 与曾子航遥望的台湾首席美女情感畅销书作家女王最新力作

☆ 台湾地区销量 Top1 蝉联诚品、金石堂、博客来 30 周冠军

☆ 辛辣无比却又让你感动落泪的女性心灵成长经典

《一辈子做女王》

女王 著

重庆出版社

“结婚只是为了证明自己有人要？”“我宁可浪费我的青春，也不愿你耽误我的人生！”“找到饭票不一定可以养你一辈子，许多饭票还会不小心跳票！”……睽违两年，刚迈入 30 岁的台湾首席情感畅销书作家女王推出新作，一针见血地剖析了年过 25 岁的女性所面临的年龄危机、情感迷茫、财务不佳等问题，文字依旧辛辣无比，但观点中已融入因年龄而带来的柔软智慧。

大多数年过 25 岁的女性以为进入 30 岁就会迈入一个黑暗世界，急于在 30 岁以前嫁掉自己。女王却说，30 岁以后的人生会往更好的方向迈进：“我们不应该赶着搭列车，追随别人定的时刻表，而应自己开车，认真欣赏人生的风景。这或许比较麻烦、比较累、比较冒险，但是，掌握自己人生方向盘的女性更有魅力。”

本书献给所有在人生旅途中彷徨的女性，期望她们能从书中获得好好爱自己的力量，在这个新时代做一个自信、快乐并活出自我的新女性，创造属于自己的幸福力！

☆ 台湾第一锐见女王凯莉的爱情幸福术

☆ 周渝民：“男人要帅，嘴甜，但往往被女人的魅力征服!”

☆ 比苏芩温情细腻，比陈彤犀利坦白

☆ 凯莉的爱情国度，千万网友一致推崇

《不当败犬 做魅力女王》

凯莉 著

重庆出版社

本书是台湾知名情感作家和编剧凯莉的锐见新作。没有人愿意当“败犬”，都想做魅力“女王”，而这个女王就是你自己，是你给自己的定位和认知高度。“败犬”是指30岁上下、高收入、高学历、事业成功，但在感情上没有归宿，心理上一再受挫的女性。“女王”也不再是骄傲的公主和王妃们，而是指各方面都很成功、心智成熟、有主见、有魅力和号召力的女性。凯莉用她开阔的视野，瞄准现代都市的两性问题，尤其30岁上下女性的情感难关，用犀利又温情的笔调，解读爱情的烦恼、婚姻的利弊、女人的秘密心事、男女之间的战争，给都市女性最温暖的抚慰。

☆ **拯救 1.4 亿男女情感生活的心理学圣经**

☆ **女人必读，男人更应该读**

☆ **了解两性关系的绝佳指导书，每一个正在思考爱情和婚姻的人都应该阅读它**

《男人来自火星，女人来自金星》

（白金升级版）

［美］约翰·格雷 著

重庆出版社

本书是《男人来自火星，女人来自金星》的升级版，是“男人来自火星，女人来自金星”系列中概念更清晰完善、分析更深刻，更具有实践性和指导性的一本，长居《纽约时报·书评周刊》畅销书排行榜。对男女在沟通、应对压力、解决冲突、体验爱和给予爱等方面的差异有许多新颖的阐述，有助于我们更深入地理解自己的情感关系。

格雷博士在本书中归纳出男人和女人在认知上的巨大差异：男人习惯“聚焦式”看待世事，女人则是“发散式”看待周围的一切。这一认知差异导致男女在思维模式、做事方法、交流形式上的截然不同。他认为，只有尊重并欣赏彼此的天生差异，我们才能在两性关系中获得真正的快乐和满足。